LOCUS

LOCUS

LOCUS

LOCUS

from

vision

from 73 愛國賊

知らぬ間にお国を売っていくひとたち

作者：加藤嘉一

責任編輯：鄭凱達

封面設計：谷本ともえ

美術編輯：蔡怡欣

校對：呂佳眞

法律顧問：全理法律事務所董安丹律師

出版者：大塊文化出版股份有限公司

台北市105南京東路四段25號11樓

www.locuspublishing.com

讀者服務專線：0800-006689

TEL：(02) 87123898　FAX：(02) 87123897

郵撥帳號：18955675　　戶名：大塊文化出版股份有限公司

總經銷：大和書報圖書股份有限公司

地址：新北市新莊區五工五路2號

TEL：(02) 8990-2588（代表號）　　FAX：(02) 2290-1658

排版：天翼電腦排版印刷有限公司　　製版：瑞豐實業股份有限公司

初版一刷：2011年6月

定價：新台幣 320元

Printed in Taiwan

愛國賊

知らぬ間にお国を売っていくひとたち

加藤嘉一　著

目次

第二部分　誰動了我們的牌坊

第三部分　愛國主義與國際主義

導讀：不容惡棍假借愛國之名

南方朔

許多人都知道「愛國是惡棍最後的避難所」這句名言。這句名言的原句為"Patriotism is the last refuge of a scoundrel."，它點出十八世紀英國文豪薩繆爾．約翰森（Samuel Johnson，一七〇九－一七八四），收在他祕書鮑斯威爾（James Boswell）所寫的《約翰森傳》裡。它的意思是說，在每個社會都有一種惡棍，打著「愛國」的招牌在圖自己之利。羅蘭夫人以前說：「自由、自由，多少罪惡假汝之名而行」，現在這句話已可改為「愛國、愛國，多少罪惡假汝之名而行」了。

今天的世界雖號稱全球化，已世界如村。但人們也都知道當今的世界其實正加速走在倒退的路上，美國以愛國為名，可以恣意的對別的國家發動侵略戰爭；也可以藉著它壟斷全球媒體和意見的權力而任意挑撥別國內政，當最大最強的國家都永遠不厭倦的在玩著愛國者的遊戲，難怪其他每個國家都在如法炮製的「愛國」了。就以台灣為例，我們的「愛台灣」口號叫得震天價響，不知道出了多少「愛台灣的惡棍」；而在中國大陸則有一堆「憤青」，隨便就把「愛國」變成一種道德民粹主義，而在俄國、中亞、南亞、阿拉伯世界或非洲，「愛國」這個口號下甚至掩護著部落族群的相殺，「愛國」已成了當代最大的民粹主義，已出了無數「愛國惡棍」，在本書裡稱之爲「愛國賊」。

每個國家都有「賣國賊」，但「賣國賊」很容易辨識，他們也很容易遭到譴責與懲罰，因此「賣國賊」雖然可惡，但其賣國的效果其實並沒有那麼大，但「愛國賊」則不然。

「愛國賊」以愛國爲名，無論它是內神通外鬼，或是訴諸政治正確的民粹主義，但「愛國無罪」的詭辯下，它嚴重傷害到國家人民利益，它眞正可惡之處乃是它變亂了是非，混淆了人民的認知，其遺害會更長更久。今天美國的愛國反恐，當年納粹及法西斯的愛國團結，它們都犯了大罪，而罪的淵藪即是禍延好多代的思想毒害。

「愛國賊」由於頂著愛國這種民粹的道德光環，因而有更大的「自鳴正義」的成分，他們在手段上遂更不收歛，也正容易殘酷失控，愛國法西斯民粹主義之所以可怕，即在於此。

本書的作者爲日本留學北大的畢業生加藤嘉一，近年來中國發生許多起中國憤怒青年反日、反法等事件，由於躬逢其會，他有許多第一線的觀察，自是極具價値，他談到中國大陸許多商人、明星，明明已入籍第三國，但爲了賺錢而假扮一副愛國的嘴臉，他認爲中國人經常把愛國主義變成一種牟求現實利益的實用主義，這是愛國主義的浮濫化和廉價化，也是一種機會主義化，他的這部分觀點極有知識上的高度。近代中國從來沒有清楚的思考過「國家建造」的問題，許多問題都稀里糊塗的混著過日子，它也造成了中國人在愛國問題上觀念極爲混淆。中國人，人人嘴上說愛國，但人人皆想著拿外國綠卡及入籍，這是思想與行爲的錯亂。

最近我應邀到香港開了一個中國軟實力的研討會，在會上我即表示，近代中國從未好好的思考過國家建造的課題。

因此，近代許多概念在中國人社會裡都是魯迅的「拿來主義」，不清不楚的拿來用而已。中國人崇洋媚外成風，國家意識低落，國家認同也相對偏低，這也造成了大國干涉中國內部事務的極爲容易。中國目前在經濟上已世界第二，但卻國家認同低落。因此我認爲，在可見的未來，中國應該在國家建造上，重新打造規模和建造新的認知標準。沒有清楚的國家認同，產生不了足夠的精神內聚力，這個國家的路是走不久的。

現在雖然號稱全球化，但人們也知道國家間的顛覆滲透其實是有增無減。杭士基（Noam Chomsky）即指出，美國最擅於在別的國家尋找「有價值的受害人」（worthy victims），如果有受害者符合它的利益，它即大力宣傳、捧爲英雄，俾達到干涉別國事務之目的。這種惡意的干涉主義只會使得被干涉者更加憤怒，這乃是當今世界上這種「干涉—反干涉」的鬥爭日益激烈的原因。當代義大利思想家波比歐（Norberto Bobbio），遂在《讚美溫柔》一書中指出：世界上的確有進步、落伍之分，但若進步者以其進步性歧視或侵略落伍者，那麼進步與落伍就亂了套，進步也變成了更大的落伍。因此他認爲世界要和平、和諧相處，首要之務乃是改變國際互動之道，因而他倡導一種非干涉的、互助的世界觀，進步國家要主動幫助落伍國家，使這些國家樂於追求進步。近年來，美國學者奈伊（Joseph Nye）提倡「軟實力」論。法國思想家托多洛夫（Tzvetan Todorov）即認爲「軟實力」仍是一種以支配爲核心的權力觀，因而他認爲「寧靜權力」（tranquil power）才更重要，即是一種與人爲善、助人爲善的權力觀。要讓世界上有些國家的人不會因爲被別的國家的干涉而憤怒，一定要從權力的相互對待重新做起。

世界上有許多「愛國賊」，有了大國的「愛國賊」，就會有中等國家的「愛國賊」，最後是每個小國也都「愛國賊」當道，因此談「愛國賊」問題，可能還得落實到國際秩序這個核心環節。一個沒有以愛國爲名的惡棍，才是世界應有的方向！

前言：愛國賊和賣國賊同樣可恥

「賣國賊」一詞大家聽得應該很熟悉，並不陌生。大部分中國人一提到汪精衛就想到「賣國賊」，還有一些所謂「間諜」，就是把祖國的國家機密出賣給另外一個國家，並獲取金錢或其他利益的人，有些間諜還以權謀私，無疑也屬於「賣國賊」。有些中國人還把李鴻章（面對中日甲午戰爭後的《馬關條約》、被日方談判負責人伊藤博文要求賠償、割讓台灣）視爲「賣國賊」，雖然，國內外不少人士認爲李鴻章才是眞正的愛國主義者。總之，對於「賣國賊」的解釋可以有爭論、沒有一個定論，但最簡潔的定義應該是「爲賣國而賣國的人」叫做「賣國賊」，換句話說是「主觀上的賣國主義者」。我個人認爲，李鴻章是否是「賣國賊」，不能輕易下結論，至少需要討論。他的行爲從某個角度客觀看，毋庸置疑是「賣國行爲」，但他的初衷是什麼？他面臨甲午戰爭後的條約談判的目的，是基於以權謀私賣國嗎？如果不是李鴻章，其他的談判高手，中國就能避免當年的可恥後果，台灣始終屬於自己的嗎？唯一眞理是，對於歷史，不能說「如果」。

「愛國賊」一詞，我相信，大多數人略感陌生。我試圖在這裡給一個明確的解讀。

「愛國賊」是「爲愛國而賣國的人」，換句話說，是「客觀上的賣國主義者」。「賣國賊」和「愛國賊」的相同點是其言行的實際結果——損害國家利益；而不同點則是其言行的主觀出發點——賣國還是愛國？理所當然，「賣國賊」比「愛國賊」更加惡劣，畢竟是主動企圖出賣祖國、背叛祖國的同胞，其惡劣是較高限度的，必須承擔最高限度的懲罰。但不管賣國賊的行徑有多麼惡劣，它是少數。這是事實。在一個國家裡面，絕大多數人不是「賣國賊」。與此相比，根據我的觀點，站在歷史的高度、現實的深度以及未來的長遠角度來看，自以爲是個愛國主義者，卻成爲實際客觀上的賣國主義者的人——「愛國賊」的數量不少，規模不小。這是事實。比如說，大家很熟悉的、爲表示愛國而提出的重要口號武器——「愛國無罪」，可能造成「愛國賊」後果的非主觀目的的客觀蔓延。

愛國也好，賣國也罷，談論「賊」的問題，首先要盡可能弄清一個概念——國家利益。因爲，賣國賊也好，愛國賊也罷，他們出賣的或者損害的是所謂「國家利益」。到底什麼是國家利益？它至少是廣泛而深刻的概念，沒有一個定論，是動態中的、變化中的、發展中的概念。盡可能簡潔、細心解讀國家利益，有利於我們討論愛國賊是什麼，賣國賊又是什麼。根據利益的領域而言，有政治利益、經濟利益、外交利益、軍事利益、文化利益等；根據利益的主體而言，有政府利益、政黨利益、軍方利益、企業利益、社會利益、個人利益等；根據利益的程度而言，有核心利益、絕對利益、重要利益、次要利益、相對利益、局部利益、普通利益等；根據利益的性質而言，有直接利益、間接利益、形象利益、尊嚴利益等。總之，國家利益絕不是一概而論的，而是「可讀性」很強的概念。那麼，「賊」們出賣的利益也是多樣化的，絕不是一個方面的利益。

大家弄清愛國賊和賣國賊的區別了嗎？我相信，任何國家都有過，有著或者會有那些「賊」。

在這裡，我簡單梳理一下：「賊」到底是什麼玩意兒？光從詞典上的定義看，「賊」也有幾種意味——偷東西的人；對人民有危害的人；邪的、不正派的人等。據我解讀，不管是主觀上的初衷還是客觀上的結果，「賊」言行上至少有著三種特徵——欺騙性、邪惡性、破壞性。

接下來，我集中討論一下本書的主題——愛國賊。關於可能出現「愛國賊」行爲的角色，應該說是「五花八門」：政客、記者、作家、學者、明星、藝人、軍人、運動員、官員、精英分子、知識分子、大學生、中學生、小學生、退休人員、企事業單位從業者、政府機構從業者、普通老百姓、甚至乞丐，都有可能成爲「愛國賊」，而且，絕大多數的「愛國賊」，根本沒有意識到或不知道自己是個「愛國賊」。這點很關鍵，也確實很麻煩，是「愛國賊」氾濫、蔓延，卻難以控制的根本原因。這是我的基本論點。

請大家聽聽一個故事。那場親歷正是讓我人生中第一次思考到底什麼是「愛國賊」。

二〇〇五年四月九日上午八點，北京中關村海龍大廈。大概幾百人集中在大廈門口前的廣場，拿著横幅，喊著口號：「反對日本入常」、「反對右翼教科書，竄改歷史」；「打倒日本軍國主義」、「反對小泉參拜靖國神社」、「抵制日貨！」等。就這樣，被政府稱爲「涉日遊行」，民間稱爲「反日遊行」的事件爆發了。此前，日本駐華使館已經得到了這一消息，並提前幾天在官方網站公布，向駐華日本人勸告「注意安全」。我瞭解此事比使館更早，當天早上北大校園也充滿著「抗日氣氛」，團委的老師和學生們輪流值班，二十四小時監控，刪除在北大ＢＢＳ裡過激言論。那段時期，我在北京明顯感覺到中國媒體加強批評日本的報導，比如說，針對日本某些企業支持所謂「右翼教科書」的編輯、出版的指責等，導致中國人對日本的情緒逐漸惡化。再加上，二

○○五年是日本正在試圖加入聯合國常任理事國的重要時刻，美國和日本通過「二加二」政策，也正在加強對台灣的影響等，所以中日政治、外交關係本身處於微妙而敏感的時期。反日遊行是在這樣的形勢下發生的，不是突然性的，而是累積下來的種種「不安要素」爆發出來的結果。我當時擔任北京大學日本留學生會的會長，有責任維護日本學生的「人身安全」，就盡可能與日本駐華使館的官員溝通資訊，向在北大留學的兩百多個日本留學生傳達有關遊行的消息，呼籲他們「請各位當天千萬不要去現場」。而我本人卻把它當作觀察、分析中國人有關情緒的難得機會，就想親身體驗這一系列過程，早上七點半，我提前到達了現場。

在現場碰到了幾個熟悉的日本駐華記者，他們對抗議者進行採訪。據我觀察，在現場有三種角色：活動組織者、活動參與者以及公安人員。剛開始，三者配合得很好，五到七個組織者和公安之間保持溝通，引導示威遊行隊伍。隊伍從海龍開始，往西走，到了蘇州街向北，中途攻擊了位於蘇州街路東的日本餐廳「吉野家」。隊伍過海淀橋，沿著北大走。我跟著隊伍。在北大西南門，許多北大學生從宿舍裡頭大聲喊、拍手、支持遊行：「中國加油！」「愛國無罪！」「打倒日本！」在北大西側門，突然間，一輛日產小轎車被抗議者包圍，示威者敲打車窗、車燈，試圖打碎窗鎖。裡面有一位三十歲左右的中國女性顯得相當害怕。此時警察終於開始行動，阻止抗議者不良行爲。過了一會兒，這位女士終於「解放」，往北大校園方向逃走了。此次突發包圍事件導致抗議者與警察之間發生了衝突，一批人爲了釋放自己的情緒和不滿，開始紛紛大聲喊：「日本大使館，去日本大使館吧！」緊接著，遊行隊伍開始向二十多公里外，位於建國門日壇路的日本大使館行進。我依然跟著，並與日本駐華使館領事部的部長緊密保持聯繫，傳達現場動態，面對著前所未有的危機，大使館的人員著急起來。遊行隊伍越往大使館行走，其規模越擴大，從剛開始的幾百人擴大到幾千人，從剛開始的大學生爲主擴大到各種人員，呼喊口號也從剛開始的普通話爲主發展到各種各樣的地方方言。示威遊行隊伍終於到達日本大使館，就開始出現了向使館建築投石頭、雞蛋、垃圾等行爲，有的還去日本餐廳，形勢變得越來越亂。期間，現場的警察並沒有阻止一些人的不良行爲，只是旁觀著，示威者給出的理由是「愛國無罪」……一週後的四月十六日上午，反日遊行在上海發生，規模達到了十萬人，日本駐上海領事館徹底被圍堵，同樣遭到這樣那樣的攻擊，有的還燒了日本國旗。示威者給出的理由還是「愛國無罪」……

日本駐京記者把這一系列的過程都拍攝下來，並在接下來的幾天內，不斷重播有些人打砸日本使館和日本餐廳的鏡頭。日本社會一下變成「反華」社會，老百姓產生了「中國人不文明」、「中華民族不像話」等感覺。日本媒體除了NHK電視台之外，都是私營的，所以從商業角度出發，把那些反日行爲全方位地利用起來，刺激日本人的民族情緒。攻擊日本使館的「反日中國人」充滿「民族主義」，看到那些鏡頭的「反華日本人」也充滿「民族主義」，這種「民族主義」體現的，無非就是作用和反作用之間的惡性循環。那段時間，中國的一些網站也充滿反日情緒，廣大的「網友」也用赤裸裸的語言痛罵了「日本」，有的說：「中國政府千萬不要道歉，責任都在日方，他媽的日本人就是不反省歷史，小泉純一郎不是人，是罪犯！」日本的一些網站同樣如此，所謂「網路右翼」徹底把中國看作「不正常的國家」，說「反日遊行是共產黨引導的，是一次國家犯罪」，有的把中國人看作「流氓」，說「共產主義的孩子就是那樣，不懂得規則，眞丟臉」。

後來，日本政府正式表示，「中國政府對此不表示歉意，日本政府感到遺憾」；日本各界人士表示，「中國民衆打砸大使館違反國際法，中國政府必須道歉」。當時的中國政府外交部長李肇星舉行緊急會議，號召「大家不要搞示威遊行，冷靜下來」，同時把諸位日本問題專家、前外交官等，派遣到全國各地高校，傳達「大家不要搞什麼反日遊行，必須冷靜下來」，並強調中日關係的重要性。隨著時間的流逝和形勢的好轉，在大衆的範圍內，一度出現的中國人反日情緒和日本人的反華情緒逐漸降溫。在有識之士的範圍內，那段時間在中國全國各地發生的「反日遊行」，成爲了研究中日關係、民族主義、國民感情、歷史認識問題等的「實例」。我也參加了許多有關會議，與中日有關人士探討了兩國如何從中吸取教訓，以免將來犯同樣的錯誤。

作爲反日遊行的親身目睹者，我基於一種衝動和一點使命感，特別想在日本媒體圍繞「中日如何從反日遊行吸取教訓？」的角度，寫一篇文章。一些媒體完全站在商業角度，對我這個全程目睹者表示了興趣，並與我緊密保持溝通。我寫出來了，主要的論點是「中國和日本必須認識到體制差異造成的相互誤解，妥當處理歷史認識問題，警惕排他性民族主義，爲營造良性的國民感情氛圍，兩國的政府、媒體、民衆必須冷靜下來，千萬不能因此次事件影響中日關係的大局」。結果是被告知「這篇稿子不能發」。我問：「爲什麼？」編輯說：「這篇稿子太中立，沒有突出點，不夠刺激，不深入人心」。我因不解而問道：「這句話怎麼講呢？難道我的文章觀點不鮮明嗎？」回答是「不是，只是在目前反華的輿論導向下，你不能說與它完全相反的，至少要好好批評中國，要隨大流，如果我們登了你的文章，不僅是你，我們也要被輿論排斥了，難道你願意這樣嗎？」

圍繞上述反日遊行的故事，大家看到了其中存在的中日兩方面的「行爲主體」——示威組織者、示威參與者、湊熱鬧的學生和其他市民、警察、日本駐京記者、網友、政府官員、使館人員、專家、記者、編輯等等，還有我。這些角色在此次遊行引起的中國和日本民族主義衝突的軒然大波中，起著什麼樣的作用呢？

民族主義本身沒有好壞，只是區分爲健全的和不健全的。愛國主義與民族主義也密不可分。對中國人來說，愛國主義也許是民族主義的「前身」。對日本人來說，愛國主義與民族主義之間的界限或許更加模糊，日本的確是單一性的民族國家，日本人要警惕的，更多是「國家」在民間和市民社會面前，擁有過多權力的「國家主義」（在日本二戰期間導致軍國主義的前身，無非就是國家主義）。

我想問大家：請問，你愛國嗎？如果是，那以什麼樣的方式去表達對祖國的愛呢？「愛」應該說是對人、國家、社會等對象發自內心，有深摯的感情。我認爲，愛國主義要講究方式和策略，一旦弄錯了這些，你就有可能無意間、突然間變成賣國者——愛國賊了。無論你是行動派還是沉默派，都有可能成爲愛國賊。

當時組織或參加那次遊行的人，清一色喊著「愛國無罪」。喊著「愛國無罪」的口號打砸別國使館的人，是否屬於「愛國賊」呢？我認爲「是」。

無論是中國的還是日本的，基於商業考慮，過多重複報導同一個鏡頭，向民眾灌輸充滿虛擬性的「反日」或「反華」的媒體從業者，是否屬於愛國賊？我認爲「是」。

看到媒體報導後，不經任何思考，盲目自大地痛罵對方國家，提倡斷絕與對方交流的，憤怒中的網友，是否屬於愛國賊？我認爲「是」。

明顯感覺到本國與對方國之間排他性民族主義的衝突，也天天看到相關媒體報導，但卻不把它們當回事，以爲與自己無關，假裝不知道，顯得無所事事，只是保持沉默的民衆，是否屬於愛國賊？我認爲「是」。

後來到全國各地向民衆傳達中日關係的重要性，提倡冷靜和理性的官員、學者等，是否屬於愛國賊？我認爲「不是」。

後來組織座談會，分析反日遊行發生的成因，謀求從中吸取教訓的大學生們，是否屬於愛國賊？我認爲「不是」。

無論是中國的還是日本的，把當時在北京發生的情況眞實而不歪曲地報導出去的媒體記者們，是否屬於愛國賊？我認爲「不是」。

而我呢？我自認爲是愛國主義者。當時即使是因爲衝動和使命感，違背使館的命令，到遊行現場親自目睹了那場難得的情景，隨後想方設法試圖寫文章，向兩國情緒化了的民族主義者們呼籲理性和務實。但後來由於遭到編輯的拒絕，始終沒能發表文章，我感到自己無能爲力。也害怕隨後遭到右翼分子等的指責和批評，擔心自己的身分和立場，就開始「明哲保身」了，再也不找別的途徑，保持沉默，就跟什麼都沒發生過一樣。現在回想起來，當時放棄了自己初衷的加藤嘉一，是否屬於愛國賊？我認爲「是」。

在反日遊行發生前後幾個月的中日關係，簡直可以說是「被政治關係犧牲的文化關係」。當時，北京大學、清華大學、北京外國語大學等高校的，尤其學習日語的中國學生，和正在那些高校學習漢語的日本留學生，比以往更加積極舉辦「日語角」、「中日文化交流活動」、「日本文化節」

等活動。但由於反日情緒的蔓延氾濫，絕大多數活動只好被延期或取消，但他們依然不放鬆籌備機制，堅持把活動落到實處。另外，我教日語的中國人民大學附屬中學的學生，因學習日語被其他所謂「憤青」攻擊，被罵成「賣國賊」，有些學生問我：「加藤老師，我學日語是不是不好的？周圍同學都不接受我學日語，我應該怎麼辦？」在那樣嚴峻的輿論環境下，依然有這麼一批勇敢的「八〇後」和「九〇後」群體，不管外界發生什麼，做好該做的，以便為將來自身發展和祖國的長治久安發揮作用。在我看來，他們才是真正的愛國者，而痛罵把這些說成是賣國賊、自以為是愛國主義者的人，才是「愛國賊」。

在反日遊行發生前後，在華日本企業以及在日本關心中日貿易的經濟界人士，始終關心中日關係的健康發展，並對此表示擔憂。畢竟，反日遊行的發生不是單獨性質的，而是與小泉純一郎反覆參拜靖國神社、教科書事件、日本「入常」問題、中國轉型中的社會氛圍、容易偏激的民族情緒等息息相關。而對於在成長中的中國市場實實在在做生意的企業家來說，反日遊行的發生絕對是不歡迎的，他們需要中國穩定的政治環境、健康的對日情緒。當時流行的詞有「政冷經熱」，那些超過兩萬家的在華日企看到中日國民感情逐漸惡化的現象後，也堅持做好自己的任務，他們雇用著一千萬以上的中國員工，他們向日本政界施加壓力，呼籲重視、改善中日政治關係。這些人士無疑是名副其實的愛國主義者，他們涉及到跨國社會更多方面。那麼，那些喊著「抵制日貨」，攻擊日本在華企業，也間接打擊著在華日本企業裡有著工作崗位的一千萬以上中國員工的人，才是「愛國賊」。

「愛國」不應該自以為是，更不應該盲目自大。「愛國」要求人們理性思考哪些方法與策略可取、有效和長久。國家利益是客觀存在的，但一個人的言行符不符合國家利益（尤其是國家形象和尊嚴），能否推進國家利益，只能靠人們主觀去思考、判斷。「愛國」才變得更爲豐富多彩。

請大家好好想一下：你有沒有曾經扮演過「愛國賊」？如果是，就請好好反省一下。我相信，在一個正常國家裡，賣國賊不可能很多，也不會氾濫，但愛國賊卻有可能不少，甚至會蔓延。

最典型的例子應該是日本二戰前的社會輿論，軍國主義者出於所謂「愛國」，把國家弄到無路可退的侵略戰爭之路上；政府文官害怕被軍人攻擊，不阻止軍國主義者的「暴走」；媒體幾乎失去了應有的監督功能，盡可能不報導反對軍國主義者的聲音；至於國民，就是徹底變成了「沉默的大多數」，盲目服從軍人的統治。這些人在我看來都是「愛國賊」，結果可想而知。最終，日本陷入了戰敗，人類歷史上首次遭到了原子彈的轟炸，國土變成了一片廢墟。這無疑是愛國賊氾濫的後果。這些情況曾經在其他國家發生過嗎？將在其他國家發生嗎？我認爲，一切都有可能。

愛國賊是這樣性質的一種魔鬼。

因此，在資訊化和全球化日益深化而容易造成排他、狹隘、極端的民族主義重新崛起的二十一世紀初期，我們有必要深刻認識、認眞思考：愛國賊的無形蔓延，比賣國賊的有形氾濫，更有可能，更爲危險。

加藤嘉一

二〇一〇年五月二十七日初稿，寫於北京景山萬春亭日落時分

二〇一一年三月十八日修改，寫於南京至上海的高鐵上

第一部分　大刀向誰的頭上砍去

1　絕對應該討伐的公衆風氣

不應以寬容爲藉口迴避國籍問題

「愛國」兩個字，「愛」是一種行爲，「國」是這種行爲的對象。要分析愛國，首先要確定行爲的對象：愛國愛的是哪一國？愛國者的國籍，是絕對繞不開的話題。現在也正好有一個關於明星移民的樣本以及圍繞這個現象產生的各種爭議，可供剖析。

前段時間，一直高唱「給祖國媽媽過生日」的某史詩獻禮大片，卻被爆出多位演員已改變國籍的問題。一曲高亢的愛國歌曲，不期然夾雜了些許國際友人的調調兒，可以想見其間的彆扭。「商女不知亡國恨，隔江猶唱後庭花」，藝人們的藝術行爲無關「愛國主義精神」，自古皆然，本無需苛責。問題就在於，如果這是一部如《色戒》般只關風月的電影，那麼觀衆也不會對於演員的國籍問題喋喋不休，所謂藝術無國界，裒集各國明星共演一部電影也沒什麼了不得的。

弔詭的地方就在於這是一部以抗戰勝利至新中國成立爲背景，再現了多黨合作和政治協商制度的成長歷程，這段波瀾壯闊歷史的主旋律電影，其緊要之處，正在於「周公吐哺，天下歸心」的愛國之情，這部電影的教化功能要遠大於其娛樂功能。試想一下，如果演員多是一些移民精英、外籍華人，其所演繹的「天下歸心」會不會別有滋味在心頭？畢竟，一般觀衆是很難將明星個人與其所飾演角色區分清楚的。

這部電影所諄諄教誨的主題，與藝人們的實際行爲，形成了一個鮮明的對照，這才是網友群情洶洶的原因。

這種公衆的廣泛參與，既是對影片本身的一種娛樂互動，也是對特定歷史時期、特定歷史事件的一種意見表達，更是結合了個人生活感受、介入當下經濟社會的一種情緒宣泄，即公衆總是從個體現實的生活感受出發，接受並評價一部影片的。只是，我們往往將之視爲「不寬容」、「狹隘」，從而抹殺了認眞討論的可能。一個匆忙的定性、一個空泛的「寬容」，就算萬事大吉。

這一場演員國籍之辯，照見了當下的世相百態，其中不免也隱含了很多人已經隱隱感覺到的社會分化。那些腳力比較好的千里馬已經遠遠地走在了前頭，「爲了孩子能享受到更好的教育」而融入國際，偶或回來表達一下熱愛祖國的眷戀之情；至於剩下來的移民不起的大多數，則只能在國內愛國，偶或參與討論一下演員國籍這樣的議題，並教育自己要盡量寬容、胸襟開闊。

我們到底需不需要寬容呢？當然需要，但是至少在這部電影的演員國籍問題上，出品方應該有一個正面解釋，而不僅僅是停留在辯解上，說什麼「讓那些加入外國籍的演員來演繹國慶獻禮片，不但不會影響影片的質量和口碑，更不會讓人感到諷刺」。資訊交互時代，公衆不再是玩偶，任何武斷、絕對、一貫正確的態度都是行不通的。儘管這個國家正在變得越來越寬容，有些底線還是應該守住的。

國籍不只是符號

正是由於這部電影的特殊性，所以電影出品方和審核方都需要應對演員的國籍問題，並爲之解脫，正是在這種辯解中，看似沉重的「怎樣才算愛國」的問題，變成了「鬧玩兒」的輕鬆話題。

這些或遮遮掩掩或坦然承認歸化他國的華裔影星們，總要表現出「心繫中國」的一面。名單上的鄔君梅持有美國護照。一位出生於上海的女演員在此部電影中扮演宋美齡，在影片啓動典禮上，她強調，國籍只是一個符號，改變不了自己是中國人的本質。她還把自己移民的行爲比作「出嫁的女兒」：「一個媽媽生了很多女兒，有的留在家裡，有些嫁出去了。不是說嫁出去的女兒，對母親就沒有這份愛心。其實媽媽應該更高興，不管女兒嫁得有多遠，都有這份赤子之心在。」

但國籍並不只是一個符號。如果就我本能性反應而言，我不能接受那些明星的做法。他們通過自己的努力成功了，出名了，有條件出國和更換國籍，我覺得，這種做法本身只要合法合理，也無可非議。何況，中國的護照又那麼不便，去哪裡都需要辦各種手續，出行（觀光行程）多的明星從功利、使用的角度，而改變國籍，也是可以理解的。這與明星們在心裡愛不愛國更是兩個概念，兩個層面，兩個問題。

問題在於「被」剩下的其他無法通過自己能力和條件擺脫苛刻現實的老百姓們，怎麼看待那些已逃離的明星們。兩者有同等的資格討論愛國嗎？前者至少要克制一點吧？你們畢竟是「逃離」了的，不管其過程和意圖如何。但令人感到無奈的是，黨政府也想利用那些已逃離的明星們的「人氣」，提高「中華民族」這一極爲抽象而模糊的概念的凝聚力。

實際上，黨政府和逃離的明星們之間達成了默契，互相勾結，實現了雙贏。兩者都是從實用主義的角度去這麼扮演的。我覺得，這樣會造成問題。可憐的是被剩下的、無法改變現狀的弱勢群體——人民。很多中國老百姓還在吃苦，戶籍問題、社會保障問題、就業問題等等，都在折騰，不可能不折騰。在這樣的情況下，不管你曾經做過多少努力，已經脫離了我們這樣的痛苦了，你主動離開，就算是背離我們這樣的國情了，被說成「背叛者」，一點也不過分。但是在這個時刻，又突然回來慶祝「母親的六十大壽」，我是不接受的，理由是我願意站在大多數「被剩下」的，有決心在苛刻條件下生存下去、折騰下去、愛國下去的中國籍人民一側。

請不要輕易用「華人」一詞，來掩蓋自己的背叛。就這個事件而言，「愛國」並不是或者首先不再是一種道德情操或者情感需求，而是一種個人的謀生策略和牟利手段。但其背後，一個人必須面臨信念或信仰的問題。你是想作爲一個純粹的中國人過一輩子，還是淡化身分，甚至失去身分，去過這輩子。當然，我也相信，許多中國人像那些明星一樣，由衷的希望逃離現實，歸化異國，只是做不到而已。

就以那個「出嫁的女兒」的比喻而言，這就像是以前娘家人口衆多，生活困難，其中幾個兒女仗著一副好皮囊，匆忙出嫁入贅，攀上高枝，脫離苦海。平時對於窮兄弟也是很看不起的，等到母親六十大壽的時候，回頭一看，發現娘家人多勢大，窮兄弟也頗可倚仗，就又哭著鬧著要回來祝壽，還說自己和娘家的窮兄弟是一家人。

前兩年有一個規定，只要改了國籍的，在演員名單裡面都要注明國籍。有一些中國的作者，可能已經換國籍了，但是名字依然不加國籍，依然扮演中國人。口頭上「是你的同胞，一塊發展事業」，但是你明顯的某種意義上是背離了斯民，某種意義上已經離開了斯土——換國籍了，既然如此，最起碼你要說你是什麼地方的。實在不像話，你既然脫離了，就至少要主動、明確說明「我是改了國籍的中國人」，這是最起碼的道德，也是對你所說的「祖國同胞」的誠懇交代。

在中國，裝模糊或裝糊塗是生存之道，合理的辯證法。但是，那些人脫離祖國這麼多年，這個時候突然說中國萬歲，當然政府高興，所以政府也利用他。客觀來講，我認爲，他們就是愛國賊，你愛什麼國，你不是美國人，你不是賊嗎，這是我純粹的判斷。我作爲日本人，那些做法不太理解。因爲，我有信仰，內心爲日本而驕傲，爲自己是日本人而驕傲，只是平時不表達而已。一件事情，一塊信仰，表達後就只好被表面化，淡化，失去深度和內涵。

有能力改變國籍並且去做了，並不是一件丟人的事情，只要合法合理，所有世界公民有這麼做的人權。但入了別國國籍，卻一再謊稱自己還深愛著祖國，其矯情與媚俗只會招人厭惡。這就好比兩個業已分手的情人，各自擁著新情人，卻時不時聲稱「不過，我最愛的還是你」，令人感到不舒服，不開心。有些人對自己的國家不滿意，已經不愛了，有能力換一個國家居住，並且達到了自己的願望，我們也爲之感到高興，追求幸福是人類的共同願望。然而，中國《憲法》上寫得很清楚，公民的條件只有一個，有國籍就是公民。公民愛什麼國，跟本國國籍有關，列位華裔外國演員在此家國問題上應該堅守原則，演戲、賺錢都是光明正大的事情，何必屈從於輿論而移愛中國公民的國家呢？

國籍不是工作，不能用「跳槽」來形容

日本人不可能那麼輕易放棄自己的國籍，因爲你換國籍，本身意味著對自己和祖國的背叛，這也是一直困擾著我自己的矛盾。其實我本人，一個將來可能會從政的人，我也是始終帶著一種矛盾。我現在在中國，而希望將來能夠在日本以從政的方式爲祖國服務。從所謂「國際利益」的角度講，日本的國家利益也不可能單獨存在，一定要對外交往，不斷和國際社會融合在一起。所以，爲了將來的國家利益，我希望在年輕的時候多走一走，去美國、去中國，去世界上的其他國家親自去看，去聽。一切都是爲了祖國同胞能夠安居樂業。

在日本，我算是海歸派，可以這麼說，我回去的時候，很多日本人不一定能接受我。我現在是爲了將來能夠好好爲國家做事情，我是先在海外遊走，但不管是哪一年齡層的，很多日本人覺得我這樣做法不太好，裡面有「你逃離了，與我們不一樣了」的國民心態。這是日本不開放的一面，過於封閉，保守，不願意開放自己。日本的愛國主義，你凡是出國，凡是到海外做點事情的人，都不夠愛國，那種氛圍根深柢固。我覺得，首先我不可能放棄日本國籍，不管我在中國待多久，哪怕我在美國可以拿綠卡，我都不會放棄日本國籍，尤其我到中國之後更愛國了，我到中國之後，看到了祖國很多長處和短處，才變得更加愛國。

日本人更換國籍的情況不是很多，也不太可能普遍、常常發生，尤其是不可能爲了「更好的

生活條件」、「讓子女受到更好的教育」等原因而更換國籍。當然，這點也與今天日本已經基本實現了現代化，享受著較高的生活水平的客觀條件有關係。在我看來，那些已經脫離中國籍的明星，或者其他所謂「精英」們的移民潮流，在中國比在日本更明顯。所以並不是那一部分人，許多中國有條件的人到澳大利亞，到美國、加拿大、英國、日本，更換國籍這種情況是很普遍的。

而這也不能歸結爲是因爲中國的生活水平低的原因。戰後的日本與美國的生活水平差距遠甚於今日的中國與美國。當時日本移民美國也遠比中國現在方便，但是並沒有很多的日本人移民出去。爲什麼？

從我的觀點以及從這次的因爲明星換國籍引發的爭論所反映的情況來看，最大的原因在於，很多中國人把國籍當作一個可以隨意更換的身分。但是很顯然，國籍並不是一種角色扮演，不是一份可以更換的工作。支持明星們的行爲的言論，大都把國籍當作一份工作或職位，有了更高待遇的新工作，「跳槽」理所當然，但身分反映的無非是一個人的價値觀和人生觀，甚至是生死觀。一個人的自我認同，它不是技術性問題，也不是可操作性強的話題，是牽涉到一個人精神領袖的生存問題。因此，我認爲，一個人不應該從便利、操作、技術的角度去看待國籍，對待國籍。國籍先於一個人的出生而確定，無法自由選擇，就像一個人無法選擇自己的父母與故鄉一樣；因而也不應該把國籍當作可以輕率變更的無足輕重的一個身分。國籍關乎一個人對於自己的傳承信仰的忠誠，對於自身起源的尊重，是不能輕忽當之的。

愛國賊的雙重背叛

對於那些更換了國籍，並說「雖然不是中國人了，依然可以愛國」的明星們，有一個問題是無法回答的：換國籍了，當然可以愛國，但是你們愛的是哪一國？

無論在中國還是日本，一個人出生之後自動獲得相應的國籍而無需宣誓。但是更換國籍，是需要宣誓的。就以一九五二年開始的美國入籍宣誓爲例，其中明確要求加入美國國籍的人不再忠誠於原先的國家：

I hereby declare, on oath, that I absolutely and entirely renounce and abjure all allegiance and fidelity to any foreign prince, potentate, state, or sovereignty of whom or which I have heretofore been a subject or citizen; that I will support and defend the Constitution and laws of the United States of America against all enemies, foreign and domestic; that I will bear true faith and allegiance to the same; that I will bear arms on behalf of the United States when required by the law; that I will perform noncombatant service in the Armed Forces of the United States when required by the law; that I will perform work of national importance under civilian direction when required by the law; and that I take this obligation freely without any mental reservation or purpose of evasion; so help me God.

我宣誓：我徹底斷絕並完全放棄對我迄今所隸屬或作為其公民的任何外國王子、當權者、國家或君主的效忠和忠誠；我將支持和捍衛美利堅合眾國憲法和法律，反對國內外一切敵人；我將信念堅定，忠誠不渝；我將根據法律要求為美國拿起武器；我將根據法律要求在美國武裝部隊中執行非作戰服務；我將根據法律要求，在文職政府領導下從事對國家具有重要性的工作。我自願承擔這一義務，毫無保留，絕不逃避。幫助我吧，上帝！

如果一個人已經加入了美國國籍，卻依然信誓旦旦地說自己愛國，愛的還是中國的，既是對美國人民的欺騙，也是對中國人民的欺騙，更是對愛國精神的侮辱——除非他從事的是特工行業。改國籍本身不是違法，是一個公民擁有的合法權利。我只是不希望改國籍的人度過這麼半途而廢的日子，欺騙「祖國」和「被祖國」，甚至自己。

在日華人很多，至今一共有八十萬人左右。我有一個朋友出生於北京，後來到日本，因爲愛情等原因，加入了日本國籍，他把名字都徹底改成日本名字，從他的護照和檔案上看不出任何中國的因素。他做的是文化產業，中國經濟發展之後，他也經常和中國人打交道，但是他從來不說自己是「日籍華人」。他能說中文，他的中文比日文好，熟悉中國國情，但是他從來不用自己曾經是中國人、是中國人的「同胞」這一層關係，來攫取額外的利益或者套交情。他只說自己是日本人，因爲他已經換國籍，你再說我是中國人，這個說法就不對了，你已經背離了中國。我上次在一個中日文化交流合作項目上碰到了他。我被中方的一些人爲難得一塌糊塗，他就鼓勵我說：「我一定保護你，我們都是日本人，我站在你一方」。此話讓我深爲感動，他是我值得一輩子信任的人，是我由衷尊敬的人生前輩，是眞正的愛國主義者。

更換國籍本身並不值得過多指責，不就是希望享受發達國家的公民待遇嗎？沒什麼大不了的。依然在中國演出電影也無可厚非，不就是觀衆基礎依然是娘家的窮兄弟嗎？作爲公衆人物，應該有自我擔當的勇氣，大大方方地承認就行了。但是一邊急匆匆更換國籍，一邊恬著臉說自己愛國，就反映出了愛國賊們的邏輯悖論：愛國卻無國可愛。

2 當實用主義披上愛國主義的外衣

不能以「愛國」名義牟利

有些中國的學者說，中國人再不要爲外國企業打工，被那些西方大企業佔便宜。爲什麼那麼多所謂精英，北大、清華畢業的高材生，爲什麼那麼盲目排除去國企的選擇，堅決去外企，你去高盛集團就是爲美國的企業服務，你有沒有一種困惑和困境？

典型的實用主義，就是爲了賺錢。在國內企業，高材生不滿意的是無法受到公平而非平等的待遇。你幹了多少，你有多少能力，與實際的工資、升職等不太相關，這樣就自然失去你的高材和優勢了。這樣不如去外企，即使工作壓力大一點，也希望能公平受待遇，幹了多少，就拿多少，幹不好，就辭職，這樣也符合資本主義的發展規律。

當今中國社會，愛國主義過於被實用主義化了。在很多人眼裡，愛國主義徹底變成實用主義了，包括說《建國大業》那些明星，你賺錢了，有條件出國加入其他國家，你回來還說我是中國同胞，這是出於一種實用的目的，以「愛國」、「同胞」爲名義來賺錢，被剩下的人們難道接受這些無理做法嗎？這就是愛國背後的實用主義，那麼請你不要玩弄愛國主義，明確說明一下「我是實用主義者，不喜歡中國國內的種種條件，很不方便，所以出國，換國籍，現在開始作爲某某國家的人生活，愛上這個國家了」。

愛國和實用的界限在哪裡，這是精神上高度、高尙的一種東西，也把它實用了，我說今天中國最大的問題是價值觀的缺失，你的價值底線在哪裡，就是賺錢嗎？可以理解，在當代中國價值空白的時代，你只能相信錢，扮演實用主義，不是很合理嗎？

我所有香港朋友都有加拿大、英國、美國等國籍，和中國人合作的時候說是中國人，和美國人合作的時候說是加拿大人，原因是這樣做事方便，可以賺錢。這是實用主義和雙重標準產生的做法，也許和中國人的傳統很有關。但在日本，人們是不太接受這種實用主義和雙重標準。無論是制度上還是觀念上，日本人從來不接受雙重國籍，畢竟日本是單一性的民族。有很多中國人和韓國人到日本工作，後來加入日本國籍。但日本人移民到海外，入其他國籍的情況很少，雖然也有一些。但大多數都是與外國人結婚等情況爲前提，而不是爲了改國籍而與外國人結婚。

「改國籍」是目的還是結果呢？這點很關鍵而本質，是牽涉到一個人的信仰和價值觀的問題。如果日本人加入了美國國籍，我們完全把他看作是美國人，比如說寫《歷史的終結》的弗蘭西斯・福山。他也不會日文，價值觀也徹底是美國人。只是由於與他祖先的關係，名字有些像日本人。但我們就不能接受他自稱是日本人。相信他也不希望自己被說成什麼「半個日本人」之類的。金城武呢？他的英文名不是 Jin Chengwu，而是 Takeshi Kaneshiro。雖然他是台灣出生，但他不是台灣人，而是日本人。他有日本護照啊，也有日本名字啊。在日本，所有人都是用漢字寫姓名的。比如我的日語名是「加藤嘉一」，英文名叫 Yoshikazu Kato，而不是 Jiateng Jiayi。如果中國粉絲們把金城武視爲台灣人或中國人就錯了，他是日本人，只不過是台灣出生，母親是台灣人而已。不要以爲金城武說普通話就把他看作是台灣人或中國人。這樣與把我加藤嘉一說普通話就看作中國人差不多同樣不正確了，就是政治不正確。

日本人就是日本人，美國人就是美國人

中國有一種大文化的概念，文化主義、大中華、靠血緣做生意，是人類社會上的美好成分。中華的包容性是值得尊重的。問題在於，這種包容性，這種血緣關係，變成了實用主義的工具，中國人越來越以實用和功利的角度去利用，甚至亂用大中華，無限延伸，沒有界限，故意模糊了這種概念。這個時候，可不能用「模糊法」這一中國人特殊的智慧和謀略。

自從十七世紀以來，國際社會的主流體系還是民族國家（Nation States），無限延伸的，概念意義上的大中華是支流，絕對不是主流。你是屬於什麼國家，拿著什麼國家的護照，你是日本人就是日本人，美國人就是美國人，不要說什麼「海外華人」。這是高度「被」政治化的辭彙。中國領導人經常強調「不要政治化」，卻在對待「海外華人」的問題上，中共的做法高度政治化。其實這個問題上，隨著歷史的發展，中國人要清楚地認識到這兩者，所謂傳統，所謂現代國家的主流存在方式。民族國家、主權國家，是當今世界的劃分方式，沒有辦法，今天還沒有「世界政

府」，聯合國也不可能起到「世界警察」的作用。

無論是什麼明星，包括官方允許他們參演《建國大業》，都是基於實用主義。在我看來是背叛，或者是悖論。無論是官方，政府可以說你不能參與演出，爲什麼不說，還是要利用那些人的明星效應，這樣票房更好賣，大衆之間虛擬的「愛國主義」得到高漲，以便提高執政黨的公信力，目的高度政治化。無論那些背叛祖國，加入其他國籍的，這個時候開心回來，或者說不排斥這樣的，好多都是出於實用主義。這是反映時代背景的重要問題。

中國的包容性也好，或者，大中華也好，這種概念本身在傳統意義上屬於美好的概念，但後來越來越變成實用主義了。難道也不是背離歷史傳統嗎？這也是中國的傳統文化，這種概念在人們的觀念當中，很多人把它說成「文化擴張主義」，使得大衆化不斷延伸的過程，這是一個在日本不會接受的做法。

類似的事情在台灣也有，這些人是拿美國綠卡的。台灣很多也是華人，他們沒有把這個事情當成一個很嚴格的事情，這種事情在日本是不可能出現的，拿美國護照來選日本首相，那是不可能的。當然，台灣的情況很特殊，我台灣朋友經常向我抱怨說，「因爲台灣的政治立場很模糊，很特殊，我也不能去聯合國工作，只能在有限的範圍內找職業，容易迷失方向，很難定位自我的」。我充滿同情，假設我是台灣人，我也會這麼迷失。我發誓，台灣永遠是日本的朋友，對於日本過去對台灣做過的一切不正當、殘酷的行爲，日本人必須永遠抱著謙卑的心態去面對。祝願日本與台灣之間的友誼長青。

遺憾的是，兩岸關係，台灣問題始終停滯不前，所有有關行爲體已經明確認同「維持現狀」

是最合理的。也許，在這個過程中，「被」犧牲的是台灣市民的意志和尊嚴。這是我作爲日本人，對台灣的歷史有責任的日本國民，發自內心的想法。此時此刻，日本人也好，中國人也好，必須認眞思考，台灣人眞正要的是什麼，什麼是普通老百姓的幸福？

3 「移走」的GNP和精英分子

精英富人，已非國人

明星更換國籍現象揭示的，不過是整個中國移民問題的冰山一角。據美國《僑報》報導，美國國土安全部最新公布的統計數據顯示，二〇〇八年共有八萬中國人獲得美國綠卡，四萬中國人入籍美國，中國成爲赴美外國移民的主要輸出國之一。從二〇〇一年至二〇〇八年的八年間，二〇〇八年獲得美國綠卡和公民身分的中國移民人數均爲最高，而且，近年來美國的移民政策已從「吸才」漸漸擴大到了「吸財」。

明星們代表著長相最突出的一群人，而在其他領域，那些掌握著社會上最多的財富資源和學術資源的精英們、富豪們，也正紛紛移民海外。對於有錢人來說，加入外籍門檻並不高。演藝明星紛紛加入外籍引發熱議之前，關於中國富人加入外籍的事情，已經多次引發社會的關注。翻看歷年來的《富比士》中國富豪榜、胡潤中國富豪榜，不難發現，許多上榜的民營企業家已經不再是中國人，以致有網友戲稱榜單爲「在中國掙大錢的聯合國公民富豪榜」。

許多加入外國籍的精英經常掛在嘴頭的話是：「洋裝雖然穿在身，我心依然是中國心。」不過，從法律意義上來說，他們已經不是中國人。我想，你加入外國籍可以，但是，請你不要再欺騙國人，口袋裡裝著外國的護照，依舊生活在中國的土地上，掙中國的錢，還口口聲聲地大聲喊著「愛國，愛國」。必須說明的是，從你宣誓加入外國籍的那一刻起，你已經不再是中國人。

第一張「中國綠卡」

在職業經理人領域，號稱打工皇帝的唐駿於一九九三年獲得美國綠卡，一九九八年成爲美國公民。但是唐駿的事業主要在中國，可以說，唐駿加入美國國籍，並未能給他帶來任何的方便。他每次來中國，都需要簽證。他的太太、女兒如果要來上海，也需要簽證。有時候，身分就是這樣，可能爲你帶來方便的同時，也可能爲你帶來不便。

據悉，目前所謂「在日華人」有八十萬左右。其中，分成三種角色：已經加入日本籍的人有十一萬，長期居留在日本（也包括具有「永住權」的人）有六十五萬五千七百人，剩下三萬到四萬人是非法居留者。那麼，許多已經歸化日本，但爲了做生意等，經常來中國的「前中國人」經常對我抱怨說：「我當時判斷歸化日本，現在看來是錯誤的，不如拿著中國護照，獲得駐日永住權，這樣隨時可以去中國，平時也可以住在日本」。從目前來看，從便利的角度看，中日之間最爲自由自在的一群人是，既有中國護照，又有在日永住權的人。可見，「歸化」也得有先見之明。

二〇〇四年八月，中國頒布實施了《外國人在中國永久居留審批管理辦法》，共有四種類型的外國人可申請在中國永久居留：有較高數額直接在華投資者、在華任職的高層次人才、對中國有突出貢獻者以及來華家庭團聚人員。二〇〇五年四月十二日，上海市政府舉行正式儀式，向時任盛大總裁的唐駿等申請人，發放了第一張眞正的「中國綠卡」。

此時的唐駿，已經成爲上海吸引外資的一個代表，或者中國對外開放的一個符號。在領到第一張「中國綠卡」之後，唐駿非常激動地向記者表示，不但自己要申請「中國綠卡」，自己的妻子、兒子、女兒都要申請「中國綠卡」，而且他還要動員自己在國外的親朋好友們，都來申請「中國綠卡」。

唐駿在他的自傳《我的成功可以複製》說：「我的願望是把自己的管理經驗與更多中國的企業和機構分享。」從中似乎能看出其拳拳愛國之心，但是一個原先的中國人，申請了美國國籍，再申請中國綠卡，這樣的反反覆覆，不厭其煩，究竟是何苦來哉？

四十兆GDP，多少爲他人嫁衣

明星們的移民，讓中國損失了一批俊男美女，而富豪和精英們的移民，則讓中國的財富和知識外流。煌煌四十兆（約新台幣一百八十兆元）GDP，隨著大量富豪的移民，有多少已經成爲其他國家的財產呢？那位明星把移民比喻成女兒出嫁，那麼這些GDP就成了他們的嫁衣。

這個問題，我們可以通過比較中國GDP數値和GNP數値來加以考察。

「國力」作爲國家創造財富的能力可以有兩種含義，一種是在地理意義上國家的產出，另一種是在要素所有權意義上的產出。前者是GDP，後者是GNP。GDP與GNP計算口徑不同。GDP計算採用的是「國土原則」，即只要是在本國或本地區範圍內生產或創造的價值，無論是外國人或是本國人創造的價值，均計入本國或本地區的GDP。而GNP計算採用的是「國民原則」，即只要是本國或本地區居民，無論你在本國或本地區內，還是在外國或外地區所生產或創造的價值，均計入本國或本地區的GNP。與GDP相比，GNP更直接反映了一國生產要素的財富創造能力，更直接體現國民福利的增長。

一個富豪的移民，如果他的事業還在中國，那麼對於GDP毫無影響。但是，如果他個人名下的財富有十億（約新台幣四十五億元），那麼GNP就下降了十億（約新台幣四十五億元）。四十兆（約新台幣一百八十兆元）GDP，代表的只是中國這片土地上產生的財富，但是這些財富，很多卻已經不是歸中國人所有。

像美國這樣的國家，每年只需要賣國籍，就能聚斂大量的財富。

這些移民者，有的是出於事業發展考慮。很多高級知識分子留在海外，主要是出於國外的研究環境、薪資待遇都比國內好很多。

但是還有更多說不出的秘密，比如明星避稅、貪官逃避法律制裁等等。

「裸官」家屬移民，流失的不只是財富

由於貪官外逃現象嚴重，使中國「損失資金五十億」（約新台幣兩百二十五億元）。這是二○○二年初中國官方雜誌《半月談》公布的一個數字，這個數字僅包括官方記錄的立案的贓款。一邊是中國政府不遺餘力地吸引外資，另一方面國內又有大量資本外逃。中國商務部、中國國家外匯管理局對「這個口袋進，那個口袋出」的尷尬處境，做了一項專題調查。他們估計一九九七至一九九九年外逃資金規模約爲一百億美元（約新台幣三千億元）。這個數據雖然比《半月談》提供的數字已經高出許多，但比起北京大學的一項研究仍顯得太少。北京大學的一項研究發現，近年來以各種方式非法轉移至國外的資金分別爲：一九九七年總金額爲三百六十四億美元（約新台幣一兆零九百二十億元）；一九九八年三百八十六億美元（約新台幣一兆一千五百八十億元）；一九九九年兩百八十三億美元（約新台幣八千四百九十億元）。

這還不包括通過留學管道外逃的資金。聯合國教科文組織的資料顯示，中國已迅速成爲世界上最大的留學生派出國。中國人事部曾透露，至二○○三年止，中國在外留學人員總數達四十六萬人，分布在全球至少一百零三個國家和地區。據資料，在英國留學的費用，一般而言，研究生、本科生每學年平均學費大致在五千至一萬六千英鎊（約新台幣二十四萬到七十七萬元）之間；美國許多大學一年的費用在一萬美元至三萬美元（約新台幣三十萬到九十萬元）之間；在澳大利亞，絕大部分全日制學位以及研究生課程每年的學費在一萬至兩萬澳幣（約新台幣三十萬到六十

萬元）之間；而加拿大的學費一般每學年在六千加幣（約新台幣十八萬元）左右。

以每人每年平均十萬元人民幣（約新台幣四十五萬元）計算，就是四百六十億元人民幣（約新台幣一兆三千八百億元）。如果計算他們的隱性支出就會更多。倫敦許多來自中國的留學生被人稱為「中國闊少」，出手闊綽，且「行有車，食有魚」。北美的新一代中國留學生大抵如是，他們剛來美國不久，就住上一套很不錯的公寓房；沒幾天，又開上一輛很不錯的車，父母親戚經濟實力雄厚。加州華文媒體曾質疑，現在中國大陸來的一些年輕學子幾天就換一部車，一會兒是寶馬，一會兒是賓士，難道中國真的暴富起來了嗎？

這些花錢如流水的新一代留學生的父母，除了私營企業老闆、白領階層以外，相當一部分是中國官員。美國教育基金會一位人士透露，外國學生一年可為美國帶進九十億美元（約新台幣兩千七百億元）的教育收入。早在一九九八年，美國的傳媒就披露，高等教育已成為排在軍火、電子等行業之後，列為出口創收的第五位。而中國，則是美國留學生的第一大來源。

移民海外無所謂。只不過，對於那些還生活在中國的「外國人」，人們有理由問：既然平常都生活在中國，事業也主要在中國，為什麼非要弄張外國護照？很難想像，當中國與這些國家有衝突時，這些人將站在哪一邊，如果真如他們所說的「有一顆中國心」，那他們將不可避免地陷入人格分裂。

實際情況是，很多人不會人格分裂，他們在利益權衡面前一定會露出他們的本來面目。最近的一個例子是胡士泰。一九六三年出生的胡士泰，在中國最高學府北京大學接受了免費大學教育，之後留學澳大利亞，並於一九九七年加入該國國籍。之後，他為澳洲一家鐵礦石公司瘋狂竊取中國經濟機密。二〇〇九年七月七日，他被中國安全部門控制，八月中旬被檢察機關批捕。

所以，我要說，愛國，首先要尊重所愛之國的國籍。

4 大多數北大學子不是「精英」

無論是哪一個國家、社會，還是哪一種行業，都有所謂「精英」，也需要「精英」。我贊同，「精英」對一個社會的發展很重要，是不可或缺的。不過，「究竟什麼是精英？」我來到北京五年，自己在中國與日本之間似乎接觸過很多精英——政治家、政府官員、媒體記者、商人、智囊、律師、銀行家、投資者、運動員、藝術家、作家、北大學子、東大學子，體驗並思考精英的內涵和意義。

我認爲，「精英」必須具備兩個方面的素質——

第一，潛能。這點是毫無疑問的，你是精英，沒有潛能行嗎？肯定不行。我說的潛能包括基本素質、理解能力、知識面、思考力、分析能力、邏輯思維、創新精神、溝通能力、語言水平等等方方面面，這些與所謂的「文憑」是沒有直接聯繫或因果關係的。「潛能」是一個人能夠主動判斷形勢、理解現狀、積累知識與經驗、尋找機會、調節自己、摸索可能性、改變現狀等能力。我不覺得對潛能的含義需要更多解釋。讀者朋友們明白我在說什麼，心裡也有數。除非有這些能力，否則一個人很難成爲「精英」。

第二，公共意識。一個人生下來，爲自己所在的、所生活的國家、社會做點事，在我看來，是理所當然、天經地義的事。一個人做任何一件事的時候，除了這件事對自己有什麼樣的意義和利益外，同時想著對整個社會有什麼樣的意義和利益，從人類社會進化，甚至生存的角度看，只有如此，才有價値。我覺得，這是不分國籍、不分民族、不分行業、不分性別的。當然，讓幼稚園的小孩兒抱著公共意識是苛刻的，也不現實。我主要指的對象是所謂「成年人」，無論是獲得博士後的、大學畢業的、高中畢業的、甚至初中畢業的，都是一個道理。我堅持認爲，只要初中畢業，你就完成了義務教育，等於滿足了你作爲一名某國公民的義務，接下來讀不讀高中完全是你個人的事，原則上是沒問題的。這和一個國家的教育水平、教育程度是兩碼事，兩者屬於兩個問題。總之，所有成年人都應該有公共意識，社會更希望大家都有公共意識。

我有個直覺——今天的中國和日本都缺乏精英（lack of elite）。在這裡說的精英是本著上述我理解，具備「潛能」與「公共意識」的人才。有本領的人在兩個社會裡還是有的，而且不少。中國人和日本人都很勤奮，重視基礎教育，社會有土壤培養好人才。我堅信，中國和日本都是「出人才」的國家。但我還是懷疑，兩國有多大準備「出精英」？「人才」和「精英」，在我看來，也是兩個截然不同的概念。人才只不過是爲自己歸屬的公司、單位、機構所付出、貢獻。精英則超越自己歸屬的單位，即使沒有歸屬單位，也會爲整個社會所付出、貢獻。我說的是行爲過程，而不是結果。過程是自己的，結果是社會的。哪怕是精英，也不見得能夠產生立竿見影的結果，因爲我們都在社會上共存，有些事情沒法由一個人的力量或本事改變。不過，假使有潛能與公共意識的人不斷爲社會付出，這一社會總有一天會好起來，我堅信這一點。

在這個意義上，中日都得好好培養精英，尤其是年輕的精英。而最好的培養對象是大學生。如何使得大學生具有良好的能力和公共意識，並將兩者結合運用於社會，對一個國家來說正是「大事」。我平時在北京大學，周圍的很多學生很有能力，遠遠超出自己的預期想像。但許多優秀學生都缺乏公共意識，只是爲自己著想，只考慮能賺多少錢，能確保多大地位，爲未來走向有多大好處。在這個意義上，我一貫認爲，大多數北大學子不是「精英」。

毫無疑問，這些意識很「純然」，一個年輕人不可能沒有這種意識。但眞正做事的精英不僅如此，還要會替社會思考，並且盡力去把自己的事業、思想與社會的動態、發展結合在一起，追求共同的發展。對於這一名精英來說，自我和社會是「你中有我，我中有你」的相互依存關係，謀求的則是相輔相成。

5　中國學生不應總把出國當作目標

新東方在中國爲什麼這麼火

對於隨中國人的「出國潮」而同步擴張磅礴的「新東方神話」，爭議、矛盾甚至悖論從未止息過：將托福、GRE大卸八塊、條分縷析的「應試技術」，與「英語教育」距離幾何?「生產線」式的培訓，是在「圓夢」?還是把更多人帶入盲目的夢境?

在中國，在北京，身爲一名大學生，如果你從未踏足一年四季數百人濟濟一堂、空氣令人窒息的新東方大教室，你難免會感覺「人生不完整」。新東方被稱作「出國敲門磚」、「寄託一族大熔爐」甚或「出國生產線」。這一切都形成了一種「新東方現象」。

我先說明一下態度。雖然我沒上過新東方，但對它至今所做出的事情，所積累的財富，所帶來的貢獻，發自內心地表示敬意，眞不簡單。我只是在敬佩的基礎上，提出一點自己的觀點而已。但願新東方能夠持續、健康地發展下去。

我們要認眞思考，像新東方這種培訓制度，在中國爲什麼會這麼火呢？它在日本就火不起來，在其他國家也火不起來。換句話說，日本、美國、歐洲現在學漢語的人這麼多，有哪個辦漢語學校辦成像新東方這樣的？

今天中國，尤其是精英，首先是兩個指標，一個是政治，就是權力本體，一個是市場，就是市場經濟。包括今天所有的精英，北大人也好，共青團也好，在那個領域往上走，要麼是徹底的西方，去高盛集團，去摩根士丹利；要麼就走上從政的路線。新東方恰恰利用這個空白。今天很多年輕人不喜歡自己的體制，想逃走，甚至移民，利用留學熱出國，找個脫離這樣祖國體制的方式。還有一個原因是中國一大批精英都在宣布中國有多壞，外國有多好。

那些人雖然在宣傳愛國，很盲目地說體制不好，說外面都是好的，讓年輕人朝著這個方向走。新東方那樣的企業恰恰利用年輕人的心理空白或心理迷失，他們對祖國不信任，在心理上也厭煩和鄙視，他們只能出國，考托福。所以今天在北大的課堂上，毛澤東紅本徹底變成了GRE紅本了，這是意識形態上的徹底轉換，令人憂思這個國家的未來。以至於很多人說北大就是美國的預科。

我在北大國際關係學院讀書的時候，我同學裡面沒有人說我特別希望爲國家怎麼做，說的就是如何出國，北大、清華，都是一樣的。中國的這些「精英」對愛國的一種很虛僞的認識和盲目的崇洋，在這兩個極端當中，恰恰進來的就是新東方，迎合了大衆。

新東方應該感謝中國共產黨。其實，中共也不容易，正在統治這麼龐大的、轉型中的、變革中的大國。我作爲日本人，每次到日本開會，我都向日本同胞們說不要以自己的標準去看共產黨的統治狀況如何，你能當中國的領導嗎，你統治這樣龐大的國家，可能連國界線都分不清楚。我一直認爲，共產黨是不容易的。

我同時也表示同情共產黨。因爲，很多中國以及爲人民服務的領導人通過堅持不懈的努力，把國家教育辦起來了，把義務教育辦好了，還把書雜費等免除了，畢竟是公共服務嘛，通過這樣的過程培養出來的那些人都背叛你了，都往西洋看。不是中體西用，而是全盤西化。

上新東方，申請出國。很多中國人，尤其是年輕人的愛國精神是很虛僞的。二〇〇八多事之年，「八〇後」受到了祖國的表彰，說前所未有展現了愛國精神。在我看來根本不是，那頂多是愛國教育以及對西方厭煩，甚至自卑的結果。或者說，對於那些批評、指責中國的外國人士的本能反應，反彈心理，就是不爽，不愉快，趁機釋放平時在國內積累的不滿和憤怒，而不是基於「我爲了祖國能做什麼」。四川大地震這一災難發生，國人爲遇難者哀悼，這不是愛國，是人類正常的心情。不要輕易從愛國的角度去解釋國民心態，這是狹隘的分析方法。中國年輕人普遍趨於把中國和美國對立起來，以完全二元化的兩個極端角度去看待，對待，「我們國家的體制落後，美國則先進」。

北大事實上比哈佛更難考

爲什麼那麼多北大學生崇拜去哈佛呢？很不可思議。客觀看，進北大比進哈佛難多了，如果在美國有足夠的錢就可以進哈佛，不用天天在那學。所以我特別反感我北大同學，他們整天孜孜於考慮如何出國，怎麼申請史丹佛、哈佛。

爲什麼說進北大比進哈佛難？中國每年的高考（大學入學考試）考生有八九百萬，能進北大的只有三千人，而且地區劃分既不平等，也不公平。戶口在一定程度上決定資格，甚至一個人的人生。而現在大家太小看北大了。北大很可憐，我深表同情，很多畢業生把北大當作前往美國的預科班，實在是不應該。你們對北大畢業生的身分應該感到自豪，每年有那麼多的遊客到北大來參觀，他們都是願意進北大或者希望自己的子女進北大的。北大是所有中國人嚮往的人生目標。但是，很多北大學生一畢業，就會不由自主地屈從於一種理解，認爲美國好，哈佛好，史丹佛好，就徹底忘記了北大的光榮了。中國人需要樹立這樣的認識：進北大比進哈佛難多了。請不要盲目崇拜哈佛。

我畢業於北大，回憶起北大，一言難盡。在這裡，稍微跟讀者朋友們分享我在北大的時光。

北大給我的東西實在太多了，我對北大的感情也實在太深了。四年時光既飛快又漫長，期間發生過許多故事，快樂的、痛苦的、開心的、鬱悶的。不過，無論如何，它是充實的。

我先談一談對北大的基本印象。北大是既實現了國際化，又具有綜合性的學術場所。它從國外吸收了豐富的知識導向性營養，也向國外發出許多中國特色的聲音。無論是接受來自國外領袖人物的訪問、國際文化節、北京論壇，還是各種學生交流活動，北大師生正在國際與國內之間架起「溝通」的橋梁。北大正在與中國改革開放同行，不僅同行，它還引導著「走出去，引進來」這條當代中國謀求發展中的重要方針。北大是獨特的，忙碌的，美麗的。

讓我談「北大印象」，衆多印象當中，有三點是必須談的。

首先是老師與朋友。中國人一直對我很熱情，北大人更是如此。如果別人問我：「你在中國最大的收穫是什麼？」我將毫無猶豫地回答：「北大的老師與朋友。」對外漢語學院、預科班的老師幫我打下了堅實的漢語基礎，使我能夠勇敢地挑戰這門難以解讀的語言。國際合作部與留學生辦公室的老師保障了我在北大最基本、最根本的留學生活，讓我能夠勇敢地擴大自己的活動範圍。國際關係學院以及其他院系的老師給我提供了學術性的指導與平台，因此本來對學術感到陌生的自己，能夠勇敢地去學習知識，豐富知識，回答知識。國際關係學院的同學給我提供了認真、深刻地討論熱點國際問題的機會，因此我能夠勇敢地去加深自己的觀察和思考，以無愧於你們。廣泛的北大校友給我提供了瞭解當代中國精英的環境，因此我能夠勇敢地去反思當代日本青年究竟需要什麼？總之，你們一向給我的是勇氣，是我在北大提升自己，尋找快樂的最大力量。

其次是北京大學—日本東京大學之間的學生交流項目「京論壇」。「京」是北京、東京的「京」，它體現出中日兩國青年「共同」的願望與責任意識。我至今在中國作爲製作人、策劃人、主持人，參與過五十個以上的學生交流活動，而「京論壇」是其中感情最深刻的活動。

我認爲，京論壇有以下三塊特點：一，對等的對話。京論壇的公用語言是英語，我們主張，只有第三方的語言進行討論，才能實現對等的溝通。此外，雙方的參加訪問人數爲對等，兩地開會時間爲對等，流程性質爲對等。「對等的對話」對於中日兩國民眾促進相互理解起到根本性的作用。二，親身的考察。京論壇是「互訪性」的交流活動。雙方的學生都到當地進行學術討論及報告會，與學者的互動，到企業、政府機構、研究所等調研活動。「親身體會」對學生之間的相互理解極爲重要。三，緊密的社會接觸（Social Contact）。我們是學生論壇，自然地缺乏許多必要的資源。因此，學生交流活動必須與社會建立緊密並有效的聯繫。京論壇有廣泛的贊助商和支持者，包括大學機構、學者、企業、政府、媒體等。他們給論壇提供資金、人力、物力、智力等多方面的支持。沒有他們的支持，我們是絕對辦不成的。

我作爲創始人之一，從「零」開始參與幾乎全部過程，自己投入的精力與時間也前所未有。二〇〇五年，當中日關係陷入首腦互訪停止之困境狀態，兩國國民的感情不斷惡化時，北大與東大的學生共同、自發性地發起了舉辦論壇的最初框架。還記得，〇五年上後來成爲京論壇顧問、政府管理學院宋磊老師的「日本經濟」課時，光華管理學院的學生官樂向我的位置走過來，並對我說：「我有一件事想跟你商量。」從此，京論壇的歷史開始了。我跟官樂，還有北大、東大的同學們一起開始策劃，一步步推進籌備過程。東大組委會的成員還專門「自費」來北京開會，與北大組委會的成員探討了怎樣才能把京論壇辦得更有「個性」。在籌備的過程當中，我們不知究竟交換了幾百封電子郵件與文件，花費了多少心血。在兩國政治關係不太健全的情況下，雖然我們也遭到了一系列困難，比如拉贊助、選題、組織運作、媒體宣傳等方方面面。但大家始終保持了進取的精神，最終成功地把第一屆辦起來了，確實邁出了第一步。隨後第二屆也取得了圓滿成功。第一屆圍繞安全保障、經濟合作、歷史認識以及環境問題四個主題進行了探討，以報告的形式向社會提出了來自青年的看法與建議。第二屆在第一屆論壇成功的基礎上，增加了一個理念，即「共面未來」。而北京即將舉辦奧運會之際，「京論壇二〇〇八」第三屆組委會已成立，並在籌備過程當中。相信，二〇〇八將成爲有所「突破」的一屆。

「京論壇」已成爲引起兩國的各界人士關注，給兩國的年輕精英們提供「心連心」交流的平台。

我確信，「京論壇」及其網路將成爲推動中日兩國關係健全發展的重要力量，也將成爲我在中日兩國之間表現自己的堅強後盾。我想發自內心地說：「官樂、雅映子，咱們確實做了一件有意義、有價值的事情，讓我們一起向參與並支持京論壇的所有朋友們說謝謝吧……」

最後是未名湖。未名湖很美，尤其是傍晚的時候。未名湖很神奇，經常令人沉思。而對我來說，未名湖是跑步、思考的地方。我在日本原來是個專業長跑運動員，雖然來到中國之後，已經不做專業訓練了，但我在北京也盡量堅持跑步。跑步伴隨我成長，所以每當我遇到困難時，都有習慣去跑步，讓自己放鬆一下，這樣有利於自己健康的心態。在中國也同樣如此。我在北京的生活很忙碌，除了以中國的語言與思維方式所面對的課程之外，我平時還忙於各種媒體活動、社會活動等。我數不清至今接受過多少次媒體採訪，至少超過兩百次了吧。在媒體上刊登的專欄也不少，接踵而至的截稿期限給了我巨大的壓力。每當在各種活動、項目上進行策劃、製作、開會時，都有心理上的壓力。在各種研討會或談判場合擔任口譯員時，自己也會緊張。說實話，我很多時候都是信心不足，感到不安，想逃避現實。眞的，我不是那麼堅強的人。但無論做得多麼的差，我至少走到了今天。爲什麼?答案在於未名湖畔。在北京每一次感到壓力，控制不住自己時，我都一個人默默地去未名湖，一邊跑步，一邊讓腦子空白，安寧下來，再默默地去思考。未名湖不知挽救了我多少次。未名湖，我欠你太多了，總有一天，我一定要以我的方式回報你。

遇見北大是一種享受。我即將走出北大，但我也將繼續享受作爲北大人的幸福感。但這種享受也是帶著壓力的。因爲，既然我是北大人，就要擔當北大人的責任。看來，適當的努力是必要的。但願有一天能有信心地說北大是我的母校。爲了那一天，我堅持不懈地前進。

6　「愛國」不是個好東西？

「愛國」不是口號

二〇〇八年七月三日不尋常。我參加了「北京大學二〇〇八年本科生畢業典禮暨學位授予儀式」，正式拿到了畢業證書。自己的大學生活終於告了一段落，沒有特別的感覺，只有平常的感覺。

畢業只不過是過程，過程總是持續的……

今年畢業典禮是在即將召開的奧運會乒乓球館，即北京大學體育館舉行，很隆重。大學的領導都出席，校友代表是百度執行長李彥宏，他也做了講話，回顧了一下北大時光，提出了一下北大與自己的關係。我受到了大量的啓發。他正在做自己最喜歡的事業。

畢竟是畢業典禮，是回顧四年的時刻。沒有必要那麼多的思考，回顧與感受更爲重要。我參加學位授予儀式的最大回顧是，我的四年還是很充實。最大的感受是我終於成爲了「北大人」。

「北大人」這一稱號絕不一般，它是一個人必須用一生承擔的責任。我在異國上了大學，今後帶著名為北大人的責任活下去，無論如何，這是重大而快樂的一件事。

我在參加畢業典禮的時候，本來就想沉澱於浪漫而輕鬆的回顧和感受中，但我又遭到了老習慣，思考了。

動機在於中國同學們為什麼那麼強烈地表現出「愛國精神」。大家都以非常強烈的姿態表達自己對北大和國家的愛，就是「愛我中華」、「中國萬歲」等口號。我很明白，也很理解，在那樣隆重、盛大的場合，大家又相聚在一起，就願意表達對祖國、母校的愛，很正常。但令我沉思的是其程度。如果在日本的話，學生們絕對不可能那麼強烈地、直接地說「我愛這個國家」。在我看來，「愛國」本來不是通過抽象口號，而應該通過實際行動來表達出來的產物。

中國青年愛國的原因

不過，既然中國的青年精英們表現得那麼愛國，我覺得，背後還是存在著原因。只要有結果，必然有原因。

我說說三個方面。

首先是語言層面。中國人以漢字為生活工具，漢語又是容易有節奏感地表達的語言。比如，昨天我們外國留學生回答校長對我們祝福的一句是「學在中國，愛在北大」。很有節奏感，也很直爽。

其次是教育層面。中國的教育體系還是傾向於強調並促進孩子們愛國心的。在這裡，我不談「什麼是愛國」，無論是政治課還是思想課，學生們受到那種課程後，還是容易走到愛國。況且，這種愛國心不僅來自於學校，其他周圍環境也似乎要求孩子們愛國。

最後是社會層面。今天中國面臨的情況是，經濟發展、祖國轉型、奧運會等，最近一段時間，四川大地震、「聖火傳遞事件」等也發生過。在此情況下，無論是對內還是對外，年輕人趨於加強對祖國的愛國意識，對外國的民族意識。

上述三個層面似乎正在加強年輕人的愛國意識，這種意識本身不成問題，從國家穩定社會、提升凝聚力的角度看是必要的。問題是，比如，奧運會等中西密切而深刻交往的時刻，它是否走到極端，是否走到對內強大、對外排斥的程度。如果如此，愛國意識恐怕也不是個好東西。

右翼炒作中國「愛國主義」

戰後，在媒體和一般國民眼裡，國家和政府一直是以對立面的形式互相存在的。比如，在行政訴訟中，如果政府的某個部門敗訴，報紙標題就會是「國（家）敗訴」。現在，只有極端的右派政客和街頭鬧事的右翼團體，才會高喊「愛國」。

日本右翼就「巧妙」地利用了中日之間這種意識的差距，大肆宣傳中國在進行「愛國主義」教育，它實際上是「反日教育」。這種在中國是理所當然的事，進了一般日本人的耳朵，就會產生一種不由自主的反感。

中國人大概沒有一個不爲自己是中國人而自豪的，但日本人中，很少有人會表現這種愛國情緒。對一個日本人說：「你怎麼不像個日本人呢？」他不會生氣；而根據我的觀察，如果對一個中國人說他不像中國人，他非得跳起來不可。

但日本人作爲一個集體的自豪感、榮譽感，有時卻是很強烈的。比如，在四川大地震中，日本的國際緊急救援隊第一時間到中國，不但帶去了生命探測儀器等先進設備和生命探知犬，而且很多隊員是有過多次地震救災經驗的。他們很希望能夠在四川搶救出哪怕是一條生命，以顯示日本在搶險救生方面的高水準。

到四川的日本醫療隊，是帶著相當於野戰醫院裝備的，要求到重災區去，他們並不滿意中方將他們安排在成都的華西醫院，甚至爲此與中方爭執了一天半才開始工作。但由於「自豪感」在起作用，他們既沒有考慮到救災的統一安排，也不懂中國人絕不會讓客人去冒生命危險的習慣。日本人的獻身精神値得讚譽。聽說，後來雙方磨合得不錯，日本醫生還提出了不少合理性建議。其中，曾在日本留過學的中方醫護人員，起了很好的溝通作用。

從中也可以看出，日本人不是不愛國，如果有別的國家侵犯日本的領土，那份「以自己出身在日本而自豪」的狂熱，就會促使他們與來犯之國血戰到底，爲保衛自己生活的土地而獻身；抑或，爲了自己能獲得更大的生存空間，就會不僅僅局限在對自己出身的那片土地的狂熱上，而且會瘋狂地向外擴張。

7 「不愛國」的日本人與「愛國」的中國人？

日本人不愛國嗎？

日本人很少說自己愛國，然而，他們卻以自己出身在日本而自豪；中國人常常把愛國掛在嘴邊，然而，卻有許多人想爲自己插上翅膀，飛向國外。

從我跟「愛國」接觸開始說。我在日本原先是長跑運動員，所以我直到讀完高中，除了教科書之外，沒有讀過一本書。

我從小就對現有體制感到反感，對東京大學遺留下來的官僚體制很有抵觸感。戰後的日本走出戰敗，東大法學部就把大量人才輸送到官僚省廳，這是固定的管道。走過了六十多年，今天東大的學生，依然把去省廳當作一個明智的選擇，當作社會成功人士的唯一標準，如果進不了省廳，你就是個敗者，完全是兩個極端。進了東大，他們就是考上最好大學、有資格成爲社會精英的人，但是他們的思維是很封閉保守的，只是把它看作是自己的進階之梯。

今天在日本，所謂的官僚體系被討論了很久，包括民主黨說一定要把政治發展模式，從官僚主導走向政治家主導，因爲政治家是被人民認同、選擇的，是眞正代表國家利益的，這樣討論很長時間了。

二〇〇九年八月三十日，鳩山由紀夫在大選當天晚上舉行的記者招待會上，提出了「三個交替」：政權交替——告別長期執政的自民黨；新舊交替——告別陳舊的政治，創造以公民爲中心的新政治；主權交替——告別「官僚主導」，實現「政治家主導」（政治家因選舉出身而可稱爲國民的代言人）。日本戰後的政治發展與「官僚主導」密不可分。在制定、執行政策的時候，官僚往往掌握發言權和支配權。官僚指的是基本在各個省廳（外務省、財務省、經濟產業省等）工作到退休年齡的專業隊伍，是日本兩大組織文化「終身雇用、年功序列」的代名場所。而政客往往不是專家，也不太理解政策的內涵、背景和效果，就只好被官僚控制爲政策所需要的幾乎所有「情報」。鳩山大力提倡要改變這種局面，必須由被國民選的政治家來主導政治。作爲具體方案，他提出了把大約一百個政治家派遣到各個省廳（行政部門，等於政府）當副大臣；設立首相官邸直屬的「國家戰略局」，並由此主導政策的制定等。

高中畢業後，我獲得了中國政府獎學金的公派身分，來到了北京大學。當時我十八歲，沒有讀過一本課外書，我連「愛國」兩個字在日文中的說法都不知道。到北大之後，大家討論愛國，我開始學中文，跟各種人接觸，因爲正好二〇〇三年到二〇一〇年這些我在北京度過日子的時光，中日關係遇到很多麻煩和困難的時期。二〇〇五年四月九日北京反日遊行我也參加了，當晚八點鐘，海龍大廈，我也看到了很多和愛國有關的口號和現象，也接觸了保釣人士，我也跟那些人聊過天。這時我才開始接觸「愛國」這個概念。

「愛國」這個話題很有意思，我意識到很多跟我有關的種種故事。這個話題又是和日本很有關係，比如說李鴻章，在中國人眼裡可能是賣國賊，在我看來不是，他是很有歷史使命感和大局觀的人物。只是當時的國際形勢、國內政治以及歷史背景等，不允許他勇敢維護短暫的國家利益。今天被說成愛國主義人士，他們眞的是愛國主義嗎？我來到中國之後，深有感觸，包括二〇〇八年北京奧運前夕的「家樂福風波」發生時，很多大學生提出「愛國無罪」，「抵制法貨」，就是爲了維護奧運精神，抗議薩科齊，那種現象都讓我或多或少思考到底什麼是愛國，什麼是賣國。

日本人爲何「不愛國」

日本人往往對政府的所作所爲感到煩惱，甚至根本不信任。所以，我們說愛國，指的對象絕對不是政府或執政黨。但我們以自己出身在日本而感到自豪，是因爲我們對日本這塊國土很熱愛。在日本，正在蔓延的是針對外界的、向外的民族主義，所謂「愛國主義」則似乎很少被討論，原因肯定與二戰前後氾濫，陷入無序、失控的「國家主義」有關。

「國家主義」按我理解是一種黨、軍隊、政府等統治階層掌控或覆蓋國家社會的一切資源，而媒體、社會團體、個人等「被統治階層」則無法起到抗衡統治者的作用，無可奈何，無所作爲，事實上，最終造成的是「軍國主義」。歷史表明，國家主義與軍國主義密不可分，前者甚至是後者的前提。因此，使人聯想國家主義的愛國主義，在日本是盡可能避談。

我突然想起，戰後大家很少直接討論或有意避免面對天皇或天皇制，或多或少也跟二戰的「前科」有關。畢竟，軍國主義的氾濫是在天皇統治的戰前日本社會發生的。雖然美國GHQ（盟軍最高司令官總司令部）最終決定，對被美國佔領中、改造中的日本保留天皇制，這也爲戰後日本的經濟騰飛起到了必不可少的作用。但天皇制的保留同時也給戰後日本人的國家觀、祖國觀、愛國意識、民族意識等，蒙上了陰影。日本人確實很少談「國家」，不願意碰「愛國」。當然，「談愛國」是好還是不好，是值得認眞探討的。

中國人的愛國，愛的是什麼?中國的歷史源遠流長，據我所知，幾千年的教化，愛國既要愛執政的政權，也要熱愛祖國國土和山河。這點與日本截然不同。因爲，按中國人的思維方式，「民族主義」、「愛國主義」以及「國家主義」之間的區別並不那麼明顯，相對模糊，甚至屬於一個概念。大家都認同這些概念是「中性」的，只是解釋方式、主觀定義上的不同而已。

在日本人的腦子裡是沒有「愛」的。在日本，「愛國」往往是被右翼集團濫用的政治口號；「愛人」是指「情人」，就是「第三者」；「愛情」一詞除了戀人、夫婦之間，對家庭成員，甚至寵物、汽車都可以用。對於戀愛的對象，卻只以「喜歡」來表示。要是說「愛你」，保守點兒的就可能會感到肉麻。日本人求婚時往往說「能跟我辛苦一輩子嗎？」或者「死了以後，咱們的骨灰埋在一個墓穴裡吧」之類的，不可能直接說「我愛你」什麼的語言。

日本人爲什麼「不愛國」呢?這有歷史上的原因。日本的封建統治相對中國比較鬆散，直到十九世紀中葉明治維新後，才開始形成一個眞正的中央集權國家。所以，在日本人的意識形態裡，「國」或者「邦」往往是指地方政權。延續至今，「國歸」還有回故里的意思。日本四面環海，作爲一個整體國家概念的形成，主要是由於自然地理上的因素。同時，直至近代，日本沒有經受過外國威脅和侵略。因此，基本上不存在類似民族主義、愛國主義等觀念。

當然，日本人不是沒有愛國的情感，而是厭惡或者避開「愛國」這種說法。我們更願意用「鄉土愛」、「故鄉愛」這種表現形式。戰前，軍國主義者就是用「愛國」、「爲了天皇陛下」等等口號，脅迫國民上戰場賣命的。而一般日本人並不覺得日本這個國家和政府，戰前戰後有什麼根本的區別。總之，在日本隨便談「愛國」、「國家」、「天皇」，是比較禁忌的。

8 不嫌日，不愛國

二〇〇九年三月二十一日下午，在櫻花盛開、遊人如織的武漢大學，一對母女由於在櫻園內穿和服拍照，引來一些學子的轟趕，「不要穿和服在武大拍照！」「穿和服的日本人滾出去！」這對母女面露窘態，表示「穿和服拍照只是覺得好看，沒考慮其他的，沒有任何意圖」，之後便匆忙逃離。

「嫌日情緒」根深柢固

聽到這條消息，也通過跟武漢當地朋友溝通，我產生了三點想法。

一，「嫌日事件」的發生很正常。武大櫻花的由來據說與中日戰爭有關，在許多中國人眼裡，櫻花作為日本的「國花」，是日本侵華的罪證、國恥的象徵。凡是遇到與櫻花有關的現象或事物，有些人便控制不住情緒，發洩不滿。他們無法意識到中日邦交正常化時，田中角榮首相訪華向周恩來總理贈送了一千株大山櫻，並把其中五十株轉贈給武漢大學的「史實」。武大校園內至今有櫻樹一千多株。

二，「嫌日情緒」依然根深柢固。不管是武漢、北京、重慶、廣州還是瀋陽，無論是母女、父子、和服還是櫻花，刺激並煽動中國部分人士「嫌日情緒」的要素和基礎無處不在，無時不有。「和服母女」事件再次證明了這一點。中日兩國政府和公民都需要做好物質和心理雙重準備，類似事件一定還會發生。

三，驅趕母女的大學生們的行為絕不屬於愛國主義。武漢大學是個公共場所，更是公共財富，只要交了十元（約新台幣四十五元）的門票，任何人都有權利享受櫻花節的氛圍。況且，只要不違法、不違規、不干涉他人，一個人做什麼都是自由的，這是全世界共通的普遍規則。在此次「愛國青年」與「和服母女」的交涉中，究竟誰賣國了，誰侵權了？不言而喻，可想而知。

嫌日情緒也好，愛國主義也好，民族主義也好，讓中日關係以及中國社會的發展不得不蒙上「不安要素」之陰影。而接下來我們要探討的，是如何治理，保持穩定。

輿論趨於多元而健全

「和服母女」一時引起社會廣泛關注，成為新聞熱點和網友爭論點。我關注的與其說是事件本身，不如說是媒體和網友對事件的態度和看法。發現，那次媒體沒有忽視對事件的關注和報導，網友們則積極參與討論的過程。

某入口網站的調查顯示，五成網友表示抵制和服，支持轟趕行為；四成網友認為應理性看待，沒必要抵制。該網站還提出討論題，「穿和服在櫻花樹下照相，究竟是對是錯？是個人的自由，還是如趙薇的軍旗裝事件一樣，暗含著更深層的寓意呢？」

網友的回應明顯體現了「交鋒」。反對派認為，「應理性看待，區別日本文化和愛國；這幾個大學生的觀點太偏激；愛美之心人皆有之，喜歡和服有錯嗎？櫻花算不上精華也算不上糟粕，因為不忘國恥就不與日本打交道，顯然不可能；不要動不動就扣政治帽子；每個人都有自己選擇的權利」。

支持派則認為「和服母女」的民族意識淡漠；「趕得好，說明大學生素質高；中國那麼多漂亮的衣服她們不穿，又不是日本人穿什麼和服？穿和服照相沒什麼，但不該在武大照，畢竟那裡是被日本人侵略過的地方；那對母女穿日本和服去觀花太出格了，太沒民族自尊了」。

由此可見，通過媒體與網友的相互碰撞，如今中國社會形成的輿論趨於多元而健全。我相信，除了支持派和反對派之外，還有更多的中間派和沉默派，這才是所謂「輿論」的眞實面孔，更是「社會穩定」的眞正力量。

日本因素引發民族主義，成為社會穩定的「雙刃劍」。這已經是公認的事實，已經沒有必要討論它的是非和對錯了。我們眞正需要做好的是，類似「和服母女」的突發事件爆發後，動員全社會的資源，包括政府、教育機構、媒體，還有最廣大的草根力量，使得輿論走向相對的健康和平衡。只要如此，我們就沒有必要怕出事。

9 健全的輿論和自律的民眾

聖火傳遞遭到干擾：中外解讀的「不同」

二〇〇八年四月七日，第二十九屆奧運會聖火傳遞活動在巴黎舉行。「聖火傳遞活動」是全世界熱愛和平的人民都關注的，也是奧運召開之前舉世矚目的盛典。

不過，那段時間以來，由於中外之間對西藏「三一四事件」的理解有所不同，事件的「後遺症」還在持續著。從中國方面看來，西藏是涉及到「領土與主權」的問題，歐美國家則把西藏看作「人權」的問題。國際社會的輿論似乎對人權相當敏感。今後，中外之間繼續堅持對話，不把本次西藏暴動政治化，是有利於全世界的和平與穩定的。

四月七日，日本各報紙的頭條新聞：「聖火巴黎也遭到干擾，臨時熄火，拘留八人」，「巴黎聖火傳遞，中途打斷，因強烈的抗議，熄火三次」，「巴黎聖火傳遞大混亂，因抗議與干擾，中途打斷」等。日本媒體似乎很關注正在各國舉行的聖火傳遞活動。美國《紐約時報》也進行了類似報導：“Olympic Torch Run in Paris Halted as Protests Spread”。

而中國權威性的通信社新華社四月八日早晨的頭條新聞是：「北京奧組委：奧運會火炬境外傳遞體現五大特點」。新華社強調，奧運會聖火傳遞活動多麼偉大、隆重，對那些干擾或破壞聖火傳遞的一部分進行了強烈的指責。新華社從維護「國家利益」出發，把報導調度、角度、內容符合於政府的要求與立場。中國絕不容忍任何人干擾奧運會「和平」舉行。其立場是堅持的。

對於歐美及日本媒體來說，「由於西藏事件的後遺症，本來和平隆重舉辦的奧運聖火傳遞遭到主張人權分子的指責，活動遭到困難。」明顯是一條新聞。從新聞工作本身的角度談，西方記者們一定好好關注，並向本國傳達這條資訊的。因爲，本次事件充滿著「新聞性」。雖然媒體報導往往與政府的願望相悖，不過，媒體的作用本身對政府施加應有的壓力。政府與媒體之間必須是「權力分工」的。今後，各國政府在媒體或大衆等輿論面前，怎樣對「奧運議程」採取有效措施？奧運議程對尤其西方大國來說，是考驗如何協調好內政與外交的機會。我們只得關注。這應該是中國與海外國家之間展開主張、妥協、磨合、博弈，反正是溝通的過程。

我認爲，那段時間以來所發生的，或隨後發生過的一系列不確定、不和諧的事件並非壞事，各國有關人士從中能夠學到東西，吸取教訓。

無論是中國政府對西藏暴動的處理方式，西方各國的一些謊言報導，本次聖火傳遞活動遭到干擾，中途被打斷（據日本媒體說，在遭到嚴重干擾情況下，聖火最後幾公里只好是「上車傳遞」的），還是對此事件中外媒體的報導或民衆的理解不同，我認爲，這些「不同」，第一是複雜的，第二是深遠的，第三是應該的。

無論如何，此時正在發展中的中國舉辦奧運會，本身是不斷吸收並學會「國際標準」處理事務的過程，對中國長遠的利益是有利的，對渴望中國用國際標準行事的西方各國也是有利的，對今後中外更加健全、坦誠的溝通，也是有利的。

表達愛國熱情的正確態度

四月二十一日，週末過去了，又是新的一週了。時間不會逆流，離奧運還有一百零九天。

週末兩天的休息日，在美英法德同時發生了「華人集會」。他們向抵制奧運順利舉辦的反對勢力表示了抗議，進行了示威遊行活動。這些愛國人士是共產黨在海外的重要後備軍。國內媒體也從提高全球華人的凝聚力角度，進行了報導。最近，十三億中國人與六千多萬的海外華人之間，似乎產生了前所未有的凝聚力，他們的「目的」達到了空前的一致性。

前一週末，在海外發生愛國遊行的同時，中國國內也發生了一些針對家樂福、法貨、CNN等的抗議示威遊行。國內也有一些報導。十八日週五，在山東青島、安徽合肥的家樂福，當地人民進行了抗議活動。我從《新京報》報導瞭解了一下，十九日週六，在一些地方的家樂福，發生了更大規模的示威活動。在青島，上午大概有一千個人集聚在家樂福門口，有個服務員說：「客人數量是平時的千分之一。如果抵制活動這樣持續下去，就沒法生存了。」在湖北武漢，當天超過一萬人的當地人民到家樂福門口表示了抗議。聽我一個朋友說，本來參加的人數爲三百多個，但後來通過手機簡訊、網路等，更多的人知道了這件事，公安當局在一萬人面前，還能做什麼？

在安徽合肥，首先十八日晚上，在家樂福國購店門口，民衆表示抗議，據說，有些人還到收銀台行使暴力，本店立刻就封鎖了。第二天白天，有三百到四百人到合肥大學旁邊的家樂福進行了抗議活動。聽我一個朋友說，當時學校呼籲學生不要參加遊行，但有些人忍不住，參加了一下活動。

據新華社報導，針對家樂福的遊行活動擴大到其他各地，包括西安、哈爾濱、濟南等。這些有必要勇敢地加以處理，就像四月二十一日《人民日報》短評「愛國熱情與國家利益」表述的那樣，「作爲世界公認的大國，我們的心態理當更加開放、包容、理性、自信，以國家核心利益爲重，激情加理性才是我們表達愛國熱情的正確態度。」

針對家樂福等法貨以及CNN主持人，民衆表達憤怒，用各種手段去表示抗議態度。其實，民衆是沒有違法的。中華人民共和國憲法保證人民的言論自由，在十七大上，胡主席親自表示，人民的表達權、參與權及知情權要被保證。

我知道政府是很爲難的。政府既希望維護憲法的正當性，又希望民衆能夠理性認識奧運前後的各種矛盾，保持自律。這的確是「兩難」。不過，我相信，過了一段時間後，通過各種聲音的抗衡，能夠出現比較平衡的輿論。

而從今天中國所面臨的形勢與自身的國情體制看，國內輿論能否健全，民衆能否自律，取決於政府的態度與對策如何。在這個意義上，政府部門以及各有關負責人的應付措施，第一要有原則，第二要有彈性，第三不要別有用心。只有這樣，在表達自己的愛國熱情的時候，才不至於淪爲愛國賊或被別有用心的愛國賊利用。

10 「抵制法貨」，典型的「愛國賊」

爲何排外情緒這麼容易煽動？

中國和法國，兩個二戰戰勝國，後來成爲了聯合國安理會常任理事國。應該說，無論是歷史上還是現實上，兩國都是世界上極爲重要的國家。而中法關係，在我看來，雖然也有過衝突或摩擦，但二戰後，兩國關係一向是友好的。法國是在歐洲最早承認中華人民共和國的國家之一，法國是中國遊客歐洲遊的熱門地點。今天，中法關係已經是對國際社會具有重大影響力的雙邊關係。

我收到過一條簡訊：「五月八日到二十四日是北京奧運會的前三個月，所有人都不要去家樂福，因爲家樂福的大股東捐鉅資給達賴，法國支持藏獨者甚衆，甚至法國總統也聲言抵制北京奧運會。我們就抵制一下家樂福，爲期與北京奧運會同長十七天，請在確信的情況下，通知家人好友參與抵制。讓家樂福門可羅雀十七天。」

聽朋友說，這幾天手機或網路上，有類似的流言。我第一印象是「來了」。也想起了二〇〇五年中國一部分民衆宣揚「抵制日貨」的情況。這次是「抵制法貨」。這跟最近奧運聖火火炬在巴黎遭到困難也有關係，它傷害了中國民衆的感情。「感情被傷害了，就用情緒阻礙對方。」這是今天中國一部分人的處理方式，充滿著實用主義色彩。在我看來，這些人反而是典型的「愛國賊」。

我這次有些困惑。因爲中國人「抵制日貨」是可以理解的。中日畢竟有過不幸的歷史，兩國關係最近也面臨著許多結構性問題。日本對一部分中國朋友來說，畢竟是「發洩不滿的窗口」。我對此表示理解。但法國與中國的關係比中日關係好多了，雖然近代史上也發生過一些悲哀事件，但中法關係總體上是穩定的，給人的印象也很美好。但此時，一部分中國人與當年「抵制日貨」時一樣，同樣「抵制法貨」。

也許，有些中國人「看外」的思維不是歷史性的，而是本著對現狀的理解與不滿，不負責任地尋找針對對象，進行情緒化的攻擊。這是民族主義，再加上實用主義的極端危險的做法。

主張「抵制法貨」的朋友們，請想一想。你們現在抵制法貨能享受什麼利益？中國能得到哪些好處或利益？我知道，目前奧運籌備遭到了一些困難，這對你們來說絕對是令人憤怒的事情。不過，有些事情是存在更加深層原因的。不要隨便把事務聯繫起來。中國人不是很有戰略思維嗎？那麼，請用戰略思維冷靜思考一下，「抵制法貨」能給你們帶來什麼？「抵制法貨」對促進奧運會的成功，中國實現「同一個世界，同一個夢想」，能帶來哪些福音？「抵制法貨」只會爲難政府、外交談判者，甚至兩國熱愛和平友好的老百姓。你們不要自己造成悲劇局面。

難道充滿著熱情與友情的中法關係這麼地脆弱嗎？

「失去法國」的悲哀

無論是短期還是中長期看，「抵制」不能帶來任何實質的利益。有一些極端的抗議者要明白，客觀看，你們所做的行爲如何的「不愛國」。眞正的愛國主義者是理解當前的國內外形勢的，政府所面臨的困境的，祖國實際的利益的，是理性引導情緒的。

在這裡，我想換個角度表達一下中國「失去法國」的悲哀。

在大家的眼中，法國是什麼樣的國家呢？請不要以目前的情緒想像，以原來對法國純粹的感覺思考一下。我相信，在大家的心目中，或多或少有過法國的歷史、激情、浪漫、深刻、文化、藝術、精神、革命、人權、民族等，總之，那種與衆不同的面孔。我也很欣賞法國的歷史、文化、價值觀、人的精神等等，直到這一刻。也相信，法國的未來是美麗的，法國人的未來是浪漫的。

而我對法國最大的感受、最令人欽佩的一點是它持有的「獨特性」。大家記不記得，法國是歷史上首次以「人權」的正義進行革命的，是革命的先驅者。法國人是以獨特的精神面孔與人生觀原創了衆多偉大的藝術作品，是藝術的先驅者。法國是美國發動伊拉克戰爭的時候，明確表示反對的國家，是向歷史、正義、人民以及未來發出自己的聲音，是個性化的先驅者。

無論對哪些問題的姿態，法國以及法國人的態度總是獨特的，是堅持自己的想法與立場。哪怕意見對立的對手是美國，法國人是說「不」的。無論如何，法國一直試圖走著「法國特色的資本主義」之路。

而正在試圖走著「中國特色的社會主義」之路的中國，失去法國，結果會如何呢？據說，在冷戰結束後，社會主義國家大量減少了，目前，剩下的已經不多了。雖然今天已經不是以意識形態來劃分國家屬性的時代，但中國是社會主義國家，是毫無懷疑的事實。不過，從堅持「走自己的路，讓別人去說吧」這條原則的角度看，中國與法國無疑是同類。法國對中國來說，是眞正的朋友。我認爲，中法關係一直以來維持著友好合作關係，其原因也是在這裡。

最後，我發自內心地告訴中國公民，你們不要失去法國這位眞正的朋友。拿著極爲短暫的情緒，攻擊而失去這位多年及未來的朋友，値得嗎？悲哀總是等待的，未來總是創造的。

11　超越喜歡或不喜歡

抵制日貨，無關正面負面

中日之間存在很多問題，如對於尖閣諸島（釣魚台）海域爭端、民間索賠等問題，帶著長期性，不能馬上得到解決，要長遠看待。在處理敏感問題的時候，有必要盡量避免政治化或者說跟政治掛鉤在一起。由於有些問題沒有辦法跟政治分開，很容易浮到水面上來，這是沒有辦法的，這也跟兩國人民的民族情緒息息相關。每一次民族情緒上漲後，我感到，兩國民衆的相互感情多麼的脆弱。

二〇〇五年四月九日，在北京爆發抵制日貨的遊行，那時候我正好在北京，說實話我在現場，下一週在上海也發生了。那時候我認眞觀察。首先我對中國人「抵制日貨」的行爲表示理解，因爲中國人有抵制日貨的自由，因爲這至少沒有違法。不過，「抵制日貨」從兩國經濟生活關係上來說，對雙方是沒有好處的。當時發生遊行時，我發現很多北大、人大等知識分子也參與組織工作，他們就是想純粹向日本政府發出自己的聲音和看法。這點本身沒有什麼不好的，只是需要注意點方式而已。我想這在培養兩國大國心態的角度來看，首先要瞭解對方是怎麼想的，這是很重要的，這才是相互溝通、相互理解。

「抵制」這類活動不是正面負面的問題。首先要知道中國朋友對日本採取的做法是怎麼看的，中國人也必須知道日本有些年輕人是怎麼想的，要互相瞭解，我個人想，這些突發性事件，它也給我們帶來一些思考的機會。

中日的親密與摩擦

坦率說，中國青年反感日本不僅是針對日本政府的，包括日本的青年對中國的反感，可能也不只是針對政府的，也有一些對民間的情緒。中日之間最大的問題是客觀上兩國相互的交流如此密切，不管是貿易額還是人數來往。但兩國國民的感情卻那麼遙遠，有很多事實可以證明，國民感情很脆弱的時候，恰恰兩國關係也是很不穩定的，兩國政治家爲民間營造良好的氛圍，這是很重要的。

包括很多日本的企業，現在在華的日本企業一共有兩萬家以上，雇傭著一千萬以上中國的員工。在企業，隨時都有可能發生各式各樣的摩擦。對中日媒體來說，由於體制的差異，兩國媒體在社會上的地位或責任截然不同，但中國問題、日本問題都是個巨大的新聞點。無論是網路還是報紙還是電視，在這個層面上，政治、官方、媒體還是要有一個良好的互動。

雖然說現在中日國民感情很冷淡，有一些對立和矛盾，但相較於二〇〇五年，二〇〇六年以後有了很大的飛躍了，像四川地震救援，就會扭轉很多人對日本的評價，因爲這次地震救援和胡錦濤訪日，我覺得改善了很多。當然，隨後的撞船事件又一次給中日關係蒙上了陰影，使得兩國當局重新思考危機管理該怎麼做。

兩國交往越多，摩擦越多，這是必然的趨勢。「冷戰」結束之後，中日失去了共同的戰略基礎——「蘇聯」，兩國還在摸索當中到底憑什麼合作。中日今天面臨這「兩強」時代，回顧過去的歷史，中日的綜合國力從來沒有像今天這麼接近，雙方都在摸索怎麼定位自己，樹立實事求是的自我認同。在這種情況下，雙方的交流越來越多，摩擦必然會增加。在歷史認識問題依然沉重的形勢下，很多實質性問題很容易被歷史問題連在一起，引起民族情緒。兩國政治家需要發揮智慧，思考怎樣治理兩國各種各樣不確定的因素。

超越「喜歡」與「不喜歡」

歷史問題是現實問題的一個折射，因爲交流增加必然摩擦增加。我們要認識到中日兩國體制是不同的，要思考在體制不同的情況下怎樣加強兩國的關係。在日本這個體制下，實際上什麼都有，極右的、右的、左的、極左的，好像中立的比較少。

但是我們依然可以看到，日本今天回到過去軍國時代是不可能的。但中國爲什麼表示擔憂呢？我表示理解，畢竟，兩國走過來的歷史根本不同嘛。

對中國來說，日本首相經常更換，怎樣制定對日政策，一會兒有的首相去參拜，有的首相突然不參拜，怎樣去處理這樣的關係？這些都是需要有效面對的課題。中日關係今後也會遭到各種各樣的波折，兩國民衆要有耐心。

兩國民衆要超越喜不喜歡這個說辭，因爲無論喜不喜歡都要去看待、打交道，你沒有必要去喜歡他或他喜歡我。中日要超越喜不喜歡、高低、好壞的境界。

從我個人而言，我比較喜歡中國人的爆發力和心態。我寫過一篇文章叫做《中日「改革」背後的差異》，就是說兩國之間在改革當中的心態有所不同，我很欣賞中國人的那種心態，在這樣充滿不確定因素、很難預測未來的情況下，都能實實在在做事，哪怕在迷茫的情況下敢做、敢說。日本人有很多方面值得向中國人學習，反之亦然。

那麼，不喜歡的一面，就是中國人的拜金主義化了的實用主義。實用主義有時候也是一種價值觀或者精神。中國人過於實用主義的做法有點不好。我希望，中國能夠堅持自己的目標、文化、利益觀點，實用主義和靈活性是兩回事。中國人要稍微拋開一下實用的方面。這樣其國家形象會改善很多。

12 「在日華人犯罪」爲何總敏感？

據美國《僑報》二〇〇九年三月十一日報導，由爾冬陞導演、成龍主演的《新宿事件》，在中國內地「遭禁」，將在香港及整個東南亞地區上映。該報導還披露稱，《新宿事件》內地遭禁映，「血腥」與「色情」都只是表面藉口，影片涉及「在日華人犯罪」的核心內容，才是它眞正的「敏感」之處。

《新宿事件》畢竟與我祖國日本有關，本人又跟它的劇組人員有過交流，聽到這一消息，情緒上很傷感。但冷靜下來想，讓我不得不產生另一種思考：即所謂敏感的「在日華人犯罪」問題。

「在日華人」成罪犯代名詞

「在日華人犯罪」或「來日華人犯罪」成話題已經很久。據日本警察廳的統計，二〇〇七年來日外國人（除定居人員外）的犯罪案爲三萬五千八百件，比二〇〇六年減少一〇．八％；揭發人數爲一萬五千九百二十三名，比二〇〇六年減少一五．六％。按國別看，中國五千三百四十六名，韓國兩千零三十七名，菲律賓一千八百零七名，巴西一千兩百五十五名，越南八百零六名。

據悉，中國人犯罪從一九八九年以來連續十九年保持首位。

「中國人」在日本人眼中，已成爲罪犯的代名詞。相關的媒體報導、圖書出版則始終是二十一世紀初的潮流，至少是潛流。在日華人犯罪也已經成爲「日本國內社會問題」了，犯罪範圍則涉及殺人、強盜、非法勞動、商業洗錢等方方面面。這些都是不能否認的事實。

在這裡，我們看一看在日本和中國分別展開的網路論壇帖子《請不要殺日本人》和《爲什麼日本人不在中國犯罪？》的摘錄：

「鄭永善殺害了兩名有前途的幼兒。福岡一家四口人也被中國留學生殺害了。求求你們，請再也不要殺日本人。我丈夫是中國人，每當中國人在日本犯罪時，認眞工作的中國人也只好被蔑視。我朋友剛被公司開除，因爲是中國人……」

「否定日本歷史的人，討厭日本的人不要住日本，誰讓你們過來了？」

「中國人太不可思議了，老罵日本人不正視歷史，你們卻什麼也不反省，不道歉。」

「中國人在日本犯罪是個事實，民族主義情緒再高漲的中國人也應該爲此感到羞恥。這些犯罪分子絕不是去『抗日』，更不是去什麼『報仇』，與政治無關，就是刑事犯罪。」

「爲什麼日本人不在中國犯罪，因爲中國人窮。因爲有錢，自然不幹違法的事了。」

「日本人在中國人心中是個什麼概念！敢在中國犯罪嗎？眞敢犯個罪，能不能活著回日本都是個問題啊！」

國民心態的認知差異

我特意選擇了較溫和的言論，而更激進的言論則更多。但無論如何，這些言論呈現著兩國民衆圍繞「在日華人犯罪」普遍抱有的認知：日本人對中國人的反感和蔑視，中國人對自己的自卑和叛逆，還有在日華人對現狀的無奈和悲傷。

面對以上事實，我提出三點思考：

一，假設日本人在華犯罪，其規模和頻率達到在日華人犯罪的水平，比如，一位日本留學生在中國東北殺害一家四口無辜的百姓，中國人怎麼反應？（可參考二〇〇五年發生的「珠海買春案」。）是像今天日本人面對在日華人犯罪一樣，對對方國家和人民感到反感和蔑視，還是覺得無所謂，表示理解？中國人値得思考。

二，日本社會面對中國人犯罪是個事實，但另外一個事實是，近年來來自中國的留學生、工作人員、遊客等不斷增加，從未來日本社會不得不面對的「少子高齡化」現象、勞動市場國際化，以及由此產生的移民政策等來看，在日華人持續不斷的增加已經是大勢所趨、不可逆轉。日本政府和國民將如何面對這一「問題」？日本人値得思考。

三，在日華人犯罪在某種程度上已經造成了中國人和日本人在相互認知上的失衡。這與在東亞地區、全球事務上有責任扮演「利益攸關者」，有歷史使命全面推進戰略互惠關係的中日來說，是背道而馳，對兩國關係長期、健康的發展顯然不利。國民心態無疑能對一國政府的內政與外交政策產生重大而深遠的影響，對如今已經成爲「你中有我，我中有你」相互依存關係的中日兩國來說，更是如此。在心態失衡的背後，政府如何處理此事，國民又如何回應？中國人和日本人都值得思考。

13 九一一與美國的愛國主義

愛國主義與自由主義

我曾看過一項調查，它顯示，在西方民主國家中，美國人的民族自豪感是最強烈的。在二〇〇一年「九一一」事件前，九〇%的美國人聲稱更願意成爲美國公民，而不是其他國家的一員。「九一一」事件後，這一數字又上升爲九七%。而其他西方國家，包括法國、義大利、丹麥、英國和荷蘭，只有不到一半人對他們的國籍「非常自豪」。這是美國長期進行愛國主義教育的結果。

美國特別注重利用各種節日慶典進行愛國主義教育。美國主要的愛國節日有：陣亡將士紀念日、美國獨立紀念日、國旗制定紀念日等。每逢節日、慶典或集會，普普通通的美國人在自己家的窗子上、大門上包括汽車上，都會懸掛國旗。在國家慶典裡，人人都背誦「我愛這個國家，保衛這個國家」的誓詞；在國旗紀念日裡，人人都背誦忠於國旗的誓言。因此，美國的節日慶典，不僅是家人歡聚的時刻，也是激發愛國主義熱情的重要時機。

九一一事件是繼珍珠港事件之後，激起美國人民愛國情緒的第二次。這股愛國潮不是與其他國家民族主義相對立的愛國主義，而是道道地地的與他國對立的國家主義。

美國人強調個人利益，並把個人利益放在集體利益之上。他們愛國當然是爲了美國。因爲美國國家利益保全了，他們個人利益才可以得到保障。站在外國人的眼光去看美國，必然會產生誤解。美國人的善心，一來是表面的，二來是有條件的，不是無條件的。美國人著重努力工作，達成自己的目標，彼此之間，沒有很深的感情。

人間社會自然需要某種程度的和諧關係。他們表面上的友善對社會關係是有益的，對個人主義也會產生一種制衡作用。這樣個人主義才能繼續存在。不能把美國的表面現象看作美國人的本質。美國人心中最最重要的人，就是自己，最最重要的事情，就是成功和與成功分不開的個人利益。他們對你好是爲了自己的利益，不是爲了你。跟他們講什麼仁義道德，談什麼友誼感情，都是對牛彈琴，他們根本不懂那一套。你對他好，他當然高興喜歡，他們也是人嘛。但教他們爲了大家的好處而對你好，他們從小到大就從來沒看過這樣的事情，他們怎麼會做一件自己認爲莫名其妙的事情？我說的是一般情況，而不是說沒有例外。

美國的愛國賊

美國人崇尚甘迺迪的一句名言：「不要問國家能爲你做些什麼，要問你能爲國家做些什麼。」美國人富有很強的民族自尊心和自豪感。一九八二年，美國的阿波斯特托萊德應用研究中心在對十八個國家進行的一項研究中，得出這樣的明顯結論：同日本人與西歐人相比，美國人最願意爲他們的國家而戰鬥，對民族認同最感自豪。美國人總是自恃：「我作爲美國人是幸福的，是值得自豪驕傲的。」

美國是一個歷史不長的國家，從建國至今也不過兩百多年。正因爲歷史短暫，美國人就格外珍視自己的歷史，用它來培養對自己國家的一種深厚感情。在美國，無論是小學、中學，還是大學，都必須學習歷史。但側重各異：小學生主要學習歷史故事、歷史偉人，中學生側重學習歷史事實、歷史過程，大學生學習歷史是側重歷史的理論分析。尤其值得注意的是，在美國，大學的歷史教育規定爲核心課程的主要組成部分，要求大學生對重大歷史事件產生的社會背景、重要作用以及歷史人物的思想、功績，進行綜合學習和研討。

但不得不提及，美國有不少「愛國賊」。你憑什麼無緣無故去打伊拉克，你爲了自己的石油利益去打伊拉克，道理全了嗎？「愛國賊」可以是國家、政府、軍人、媒體、老百姓……爲了大的目標，爲了國家利益，個人也可能是爲了國家利益，我甚至去殺一個人，搞暗殺也好，炸彈也好，完全有可能。那些自殺的人體炸彈，也可以說是「愛國賊」。當然你說他「愛國賊」有個麻煩，他自己還沒有國家，例如巴勒斯坦有些人，他還沒有國家。我親自到那邊看過，跟當地人交流，他們在「國家」兩字面前一直很困惑，在我看來是無家可歸的狀態。

例如塔利班、巴勒斯坦、愛爾蘭共和軍的那些人，都屬於「愛國賊」，換一個名稱就是「恐怖分子」。你把印度總理用人體炸彈給炸死，保護了自己的利益，但是你用這種手段，就是「愛國賊」採取的手段。名義上是大家可以接受的，但是你這種手段實在是大家不太可以接受的手段。

美國開國元勳都自認爲自己是愛國的，因爲他們的國家概念很強。以前中國人說效忠皇帝，也不說效忠國家，因爲皇帝就代表國家了，愛國這個概念在中國也是，換句話說，是皇帝沒了以後才出現的，清朝沒有了以後，才出現的。包括當年義和團它也沒說自己愛國，不過說我扶清滅洋，和皇上站在一塊，政治體制問題，所以詞語描述不一樣，本質上還是一樣。

14 中日民族情緒高漲媒體有責任

中國人來說「日本媒體要客觀報導中國」。到底什麼是客觀？在我看來是一個多元的報導。今天社會是利益、價值多元化的社會，希望媒體能夠把這些面孔眞實、多元的報導出來。

對中國來說，二〇〇八年屬於一個多事之年，很多的民衆也經歷了一個過程，據我所知，二〇〇八年中國辦了奧運會，也經歷了包括五月的四川大地震，還有年底的金融危機，在這樣的情況下，我的感受是民衆、公衆、網友都希望政府能夠表現得非常好。希望外國能夠理解中國面臨的困境也好，中國面臨的一些問題也好，我覺得中國民衆的愛國意識很強，而且包括我在北京大學感受到的，沒有人說本國政府不好，都希望政府能夠表現得很好。

在那一段時間裡，我在網路上不斷挨罵。那種情緒很正常，因爲在這種資訊化的時代，網路化的時代，無論是中國、日本還是韓國，都有平台去表達自己。這種輿論的轉折、輿論的空間對社會來說影響很大。中日韓的民族情緒都用這種作用與反作用的關係。包括二〇〇五年和二〇一〇年在中國國內發生的「反日遊行」很明顯，包括有些媒體報導、民衆反映、對方的民衆再反映。它是碰撞性的、互動性的、作用與反作用性的。這種民族的情緒、愛國的情緒是跨國家、跨國界的，所以它才有一種危險性。

媒體在對愛國青年的表現上有一定的偏差，所以導致兩國的媒體——說斷章取義也好或者比較偏頗也好——愛國情緒的升高。

媒體的作用無論是愛國情緒的表達，還是對國家外交，都很重要。一件事就是媒體報導的多元化、多角度，我想更多的還在於媒體人的生長環境、生存環境，和接受的教育有關。

媒體是由人組成的，那當然是以人爲本、靠人發展，我只能這樣說。從事媒體的每個朋友都能夠多觀察社會的各方面，對於編輯來講，最好不要強調某一個方面，包括比如說中日關係的問題也好、中國社會、包括最近文理科的那些教育問題也好，更全面的把那種碰撞、競爭也好、合作也好，把雙方的立場和角度、看法都體現出來，剩下的就是讀者、網友的問題了，他們怎麼思考，這個已經超出媒體的範疇了。媒體至少把這種碰撞、這種狀態體現出來，這樣就可以了。

15 爲何抵制《功夫熊貓》？

好萊塢電影《功夫熊貓》在中國全國各地公映，惟獨四川因有行爲藝術人趙半狄以該片「有文化入侵之嫌」、「盜竊中國的國寶和功夫」、「來自（侮辱汶川地震死難者的莎朗·史東也在其中的）好萊塢，所以應該抵制」爲由，呼籲抵制，而一度推遲上映。這不但引起網友紛紛批評，也引來全國平面媒體非議。

對於抵制的呼籲，雖有人唱和，認爲好萊塢「就是藉熊貓撈錢」，《功夫熊貓》的造型雖然是熊貓，但「骨子裡流淌的全是外國的血液」。但多數人認爲，《功夫熊貓》完全以孩子的視角，將熊貓、功夫等中國文化元素糅合在一起，拍攝出令世界矚目、令中國人「眼紅」的動畫片，值得我們、特別是電影人思考。抵制好萊塢電影《功夫熊貓》的行爲遭到輿論的非議，我們是需要從中反思。我認爲，今日對它的「爭論」是一種特定時空下的社會現象，是「好事」。

首先，《功夫熊貓》是一部電影，即藝術品。一個藝術家選什麼樣的素材，拍什麼樣的內容，應該歸於製作人或導演本身。作爲折射人類社會上的現實或理想的重要工具，電影絕對不能被官僚化，更不能政治化。

其次，今天是全球化、多樣化爲特徵、趨勢的時代。國家與國家、民族與民族、人與人之間需要更多層、更深入、更廣泛的相互理解。對於一個國家來說，外國人的看法、評價是重要的。各國應該向第三者的眼光表示寬容的態度，甚至把自己的市場向各國開放。言論多元化對中國來說是關鍵的，邁向現代化過程中的必經之路。在這個意義上，此次以中國文化「功夫」與「熊貓」爲素材的《功夫熊貓》的製作本身很有價値，它在中國播放，使得中國的民衆瞭解美國導演的藝術觀點就更有價値。希望中國的朋友們能夠對此表示「寬容爲本，和而不同」的傳統精神。

再次，這部電影遭到一些中國藝術家、消費者的拒絕或抵制，這也是相當正常的現象。每一個國家的人民都對本國、他國有本國特色、個人獨特的見解。尤其是對於今天中國經濟飛速發展、利益觀點日益多樣化、但各種社會問題或不確定因素不斷積累的情況下，民衆持有民族主義、愛國主義也很正常，它們偶爾也會走到極端，對內外發洩狹隘或排他性的民族主義，也是可以理解的，雖然政府對此也需要適當加以治理。那麼，本國人對外國導演拍的本國有關電影持有反對，甚至抵制的聲音也是正常的。國民有權利把自己的想法表達出來，這也是最起碼的人權。觀點五花八門，社會才會進步。有贊成的，反對的，都很正常。沒有廣泛的討論或爭論才不正常。

總而言之，第一，美國導演拍的《功夫熊貓》以第三者的角度描述中國的情況，這是好事。第二，它在中國有力度地推廣，促進中西交流，這是好事。第三，中國的公民對此持有各種看法，引起熱烈的討論，也是好事。

16 《建國大業》的眞意

二〇〇九年，六十大慶期間看了《建國大業》。畢竟是趁著中國六十週年國慶製作的「獻禮片」。對我這個想更瞭解中國的老外來說，無論其政治目的多深，商業利益多少，文化水準多高，還是要去關注的。

觀後感覺不錯。不像周圍中國朋友「鼓吹」的那麼糟糕。我畢竟從海外的角度去解讀異國現象，抱著好奇心和新鮮感，否則有何意思呢？影片裡的細節對我來說很有吸引力。毛澤東和周恩來之間在戰場的惡劣環境下，依然能夠抱著激情，保持相互信任，令人動心。衆多巨星同時演出，不管演員們的初衷是愛國還是出名，都令人欣慰。

今天的中國共產黨作爲執政黨，有以政治的方式宣傳歷史的目的。總導演韓三平作爲藝術家，有以個性化的方式解釋歷史的權利。作爲一個來自外國的外行，我就不干涉內政和內幕了。

《建國大業》以一九四五年八月抗日戰爭結束，至一九四九年十月一日毛澤東等開國元勳們聯合各民主黨派、各人民團體等，召開中國人民政治協商會議和組建新政府爲故事主線。我捋清了經國共內戰、中華人民共和國成立的一段歷史，受益匪淺。

尤其讓我重新認眞思考的是：毛澤東爲領袖的中共，當年是以「反對一黨獨裁」作爲建國基礎的。中共努力與其他民主黨派相協調，包括宋慶齡這一代表人物，打擊蔣介石爲領袖的國民黨。經過這一拉攏其他民主黨派的政治力量，中共最終召開了第一屆政治協商會議。大家今天所討論的「政協」的根源原來在這裡，是《建國大業》中的最後一場大戲，也是作爲政治宣傳意義上的核心價値。

迄今，《中華人民共和國憲法》明確規定：中國共產黨領導的多黨合作和政治協商制度將長期存在和發展。中國共產黨領導的多黨合作制度就是：中國共產黨是中華人民共和國的唯一執政黨，八個民主黨派在接受中國共產黨領導的前提下，具有參政黨的地位，與中共合作，參與執政。

據我瞭解，今天多數西方人，包括日本人，對中國政治持有的基本態度，不像《憲法》中闡述的那樣，是「中國共產黨一黨獨裁」。中國人聽完後肯定不舒服，不高興。但這是普遍而不爭的事實，不管導致這一事實的原因，是中共宣傳自我的力度不足，還是實際上確實如此。理所當然，每一個國家擁有自主選擇政治體制的主權，外界怎麼評價都無所謂，只要中國人民能夠安居樂業。「不干涉內政」才是所謂國際規則。

不過，假設今天的中國共產黨眞正處於多數西方政府和媒體所想、所說的那樣狀態，《建國大業》所具有的意義就更加深刻。中國人說六十年意味著一個「輪迴」。就像胡錦濤在國慶那天與六十年前的毛澤東一樣，穿著中山裝，中國人民需要輪迴。雖然不至於回到六十年前，但不能忘記實現建國的那段歷史——反對一黨獨裁，實現民族獨立。

如今仍未實現的是統一。有人把它說成台灣問題。國民黨重新上台，馬英九在台灣內部輿論壓力面前，對中國大陸也採取著盡可能的「克制」。兩岸之間的交流因「三通」方便了一些，被促進了一些。不過，在「國共合作」的再次展開，「兩岸經濟」的不斷繁榮之背後，民衆之間的相互理解和相互信任機制，遠遠沒有建立起來。

我經常與台灣的朋友討論祖國統一或台灣問題。主張獨立的人不多，主張統一的人更少。大多數主張的是「維持現狀」。其理由幾乎清一色是：「我們不能接受大陸的體制，沒有選舉的一黨獨裁，沒有言論、結社、出版、集會等政治自由」。我相信，無論如何，在中國實現祖國統一的議題上，佔主導權的是大陸一方。雖然中共仍未放棄，但武力統一不現實。如果非要「和平演變」不可，台灣「維持現狀派」的主張就產生說服力。應該說，這是祖國統一的兩難所在。在這個意義上，《建國大業》也許向中共暗示著一個信號：回到原點，政治改革。

更加深遠的是影片中蔣介石對蔣經國說的一句：「反腐敗，滅黨；不反，滅國」。在國民黨內部陷入嚴重腐敗的困境下，蔣介石顯然「沒反」。他沒有考慮「國事」的膽量和本能。幸虧沒有滅國，只是敗給中共。貪污腐敗，一黨獨裁，是國民黨失敗的理由。

17 強國夢與弱國心

二〇〇九年十一月九日，以網路輿論調查的名義，越來越起「考驗民意」之作用的《環球網》，做了一次「中國何時成爲世界第一大國？」的網路調查。我周圍，尤其所謂高舉自由主義的知識分子們，似乎不看好此類調查，認爲純屬煽動民族主義的怪物。我對此表示理解，當今中國輿論界較普遍折射出反對民族主義的氛圍。不過，不管產生理性派還是造成愛國派，在網路快速發展的時代，多種輿論調查同時出現，並相互影響、抗衡，使得民間從不同的角度，積極思考國家的動態和靜態，這對中國實現「強國夢」是有好處的。

到十一月十六日十六時爲止，共有近八千人參與了投票。其中，對於「你認爲自己有生之年，能看到中國成爲世界第一強國嗎？」七成網友認爲「能」，三成認爲「不能」。首先，我坦白，民間渴望「強國夢」的心態越向上越好，畢竟，中國正處於經濟、軍事、科技等綜合國力高速發展的歷史性時期。這一現象也相當令人刺激、羨慕。比如在日本，估計這種結果絕不會發生，把七和三倒過來也夠嗆。中國今年似乎又能「保八」，民間保持對現狀的信心和對未來的渴求，爲執政黨的正當性和表現力也起到維護作用，必然奉獻於「穩定大於一切」的國家方略。

引人注目的是，「奪回近代以來，中國失去的土地」和「爲經歷過的民族恥辱復仇」加起來有三三・六%；「向其他國家推行中國價值觀」有一四・一%；「不管其他國家，享受自己的幸福」則僅有四・二%。

看完此結果，我警惕民間的「弱國心態」，此心態由「擴張主義」與「自卑心理」組成，缺乏的則是「走自己的路，讓別人去說吧」這一「大國風貌」。三三・六%說明，中國民間依然未能擺脫近代以來持續存在的「義和團心理」。對於中國的「和平崛起」來說，「做好自己」比「推行自己」重要很多，不應該通過煽動擴張與自卑這一反動心態去加以推進。當然，這並不等於中國在國際社會上放棄大國責任。該承擔的要承擔，對此，民間也要有相應的認識。畢竟，中國已經在走大國的道路。

對於我的警惕——「弱國心態」，該發揮作用的大概是政府和媒體，具體內涵是「公關」。如前所述，民間對未來抱有向心力和自信心絕對利大於弊，關鍵是怎麼把握尺度。在大國崛起、轉型、變革的過程中，普通，甚至應有的民族主義潛移默化、不知不覺變成擴張而自卑的弱國心態，是極爲正常的現象。任何國家都必然經歷這一過程。政府的良性宣傳與媒體的理性聲音，能否使得民間認識到發展的本體何在，問題的根源何在，崛起的敵人何在，才是必要的。這不應該是自上而下的「救亡」，應該是官民一體的「啓蒙」。

在七個選項中佔最多的實際上是「幫助建立公平的國際秩序」——二六・一%。我相信，選擇此項的網友渴望祖國能和平崛起，行使和諧外交，站在弱國、第三世界一側，反對霸權（「成爲新的世界霸權國家」——七・三%）和單邊主義（「幫助所有國家實現和平與平等」——一四・

六％）。這三項結果反映的是，黨政府多年以來實施政治宣傳與公共外交的「成功」。不過，面對著崛起中的巨人，我純粹想問：中國外交究竟提倡「建立國際新秩序」還要多久？中國提倡此理念已經很久了。三十年前和今天，其國家實力發生了巨大變化，未來當中還會發生深刻的變化。一個問題是，還要提下去嗎？直到國際格局變成何樣的時刻？對此，我表示警惕和質疑。另一個問題是，在國際關係民主化的時代，民眾對變革中的國際格局能否有相對客觀、公正的認識？對此，決策者也應該給予相應的答案。

第二部分　誰動了我們的牌坊

18 不要把劉翔英雄化了

中國人對北京奧運會的最大渴望之一，無疑是「國家英雄」劉翔能否奪取冠軍，作爲東道主，給祖國帶來榮譽。在中國「舉國體制」的體育環境中，劉翔已經徹底被神化了，在中國百姓看來，他永遠不可能成爲一個「人」，而是對雙方都極爲不平等的「神」，頂多是民衆釋放民族情緒的工具而已。

結果，劉翔退出比賽了，作爲他的忠心粉絲，我感到很遺憾。在田徑短跑項目上，劉翔在〇四年雅典奧運會上取得金牌，同時突破世界紀錄，客觀上是我們亞洲人的驕傲。那一刻，我就是純粹爲他驕傲，也感到我們亞洲人也能夠堅持到底。

對於此次劉翔退出北京奧運會比賽，我有兩點感受：

首先，作爲原來專業運動員，我認爲，劉翔受傷而不能參加比賽一點都不奇怪。這次我們日本女子馬拉松代表、雅典奧運會冠軍野口也因受傷，最終退出比賽。劉翔、野口都是世界一流的體育運動員。對他們來說，「好的訓練」與「受傷」之間的距離比一張白紙還薄。你如果不好好訓練，就維持不了或提高不了水平，但如果過了底線，就只好受傷。這是相當相當「微妙而脆弱」

的過程。雖然實力上跟劉翔沒有可比性，我當年初中三年級在國家青年隊訓練時，把全國冠軍當作目標，實力上一定是可控的範圍之內，所以冬天期間增加了訓練量，目的是爲了把實力提高到更上一層樓，後來腰部受傷，沒能參加比賽，最後我的運動員生涯也走到終結。總之，一個運動員的水平越高，他受傷的可能性就越大。因此，此次劉翔的退出從體育界來看是很正常的事。

其次，中國朋友們盡量不要把劉翔「英雄化」。我很理解，今天中國的體育發展是在舉國體制下實行的，因此，有個世界級的、出色的運動員，就把他有力度地推出去。這換個角度來說是政治化，甚至商業化的過程。劉翔除了田徑實力強大外，外貌良好，他的綜合素質是很高的。對中國來說很難得。在這樣情況下，政府期待他提高中國國家形象，企業期待他提高企業形象，民衆期待他提高民族形象。但你們有沒有想過剛剛二十五歲的年輕人承受的壓力有多大？他雖然是各方面出色的運動員，但他也是中國「八〇後」，是對人生有好奇心的小夥子。如果大家眞的期待劉翔能夠表現得很出色，客觀上給中國帶來精彩的話，最好讓他集中做訓練，安靜地過日子，而不把他英雄化。

這次「劉翔退出事件」客觀來講，是對中國國人的勸告，應該當作教訓。

19 中國學生爲何沒禮貌？

不要給別人添麻煩

許多中國朋友曾強有力地跟我說：「中國人很愛國，日本人不太愛國」。討論這個問題，還是從小學開始的教育說起。日本人都受到了儒家文化影響，仁義，忠心，孝順，都是從中國學來的。日本從小學一年級開始有道德課，每週兩到三個小時的道德課，講的就是己所不欲，勿施於人，第一門課是講這個。你不能給別人添麻煩，一定要對長者怎麼著，老先生來了一定要讓位，包括實習，課堂上都有這些實踐。小學裡面講的都是中國的儒家思想，從來不用日本自己的，都是用中國的儒家思想。

我們上了初中、高中，是有漢文課的，佔了高考四分之一，五十分，不過是用日本式的方法去讀中文，素材都是儒家經典和諸子百家。日本人從七歲到十八歲接觸中國的儒家思想。

在家裡，包括我父母，從來不說你要拿好成績，只關注孩子有沒有給別人添麻煩。如果添麻煩了，日本人很不能接受。如果你在公共場合大聲說話，就罵你一下，否則你怎麼做好人。而我到中國之後很驚訝，這種道德課在中國看不到，在日本很普及道德課，大概在中國等同的是思想教育，就是政治思想教育——馬克思列寧主義、毛澤東思想、鄧小平理論。日本教育系統對道德課重視程度大概等於毛概、鄧論。

小時候，若我做不好人，父母當場就打我屁股，讓我在家門外站著反省一個晚上，並「斷食」一天。

我從二〇〇四年開始在人大附中教日語。一天傍晚放學，高中樓一層大廳，我跟另外一位年輕的中國籍教師邊聊邊走。同學們穿著校服，背著書包，有的大聲聊天，有的吃零食，有的談戀愛，紛紛離開校園。我感覺很孤立，幾乎沒有一個學生理我們。

我問旁邊的老師：「他們怎麼回事，面對著老師，連『再見』都不說？」老師回答：「現在的孩子都是這樣的，忙他們自己的。」忽然，有個女生邊跑邊向我們擺擺手，快速說：「掰掰！」打招呼的學生只有這一個，用的是英語。老師說：「那是馬來西亞的留學生。」

應該說，這些學生嚴重缺乏禮儀——不懂得禮儀，或者懂卻不執行。回想一下，如果我在日本這樣，一次會被警告，兩次以上會被認爲「素行不良」並影響學業成績。多次不改，家長就要被叫到學校，跟導師、孩子一起「三者面談」。依然不改，就有可能被開除了。在日本，學生至少要對老師說「再見」，基本規則是帶著鞠躬，最好的姿勢爲四十五度。我當時是體特生，這方面的要求很嚴，不僅對老師，對學長、學姐也要那樣，一次都沒有錯過。學弟學妹也對我這樣。

日本的「道德課」

如前所述，日本的小學生從一年級就必須上「道德課」。記得我那時是每週六上午上兩小時。教學方式有兩種，一種是老師講道德、禮儀、做人，把道德對做人如何重要灌輸給小孩子。課本素材幾乎都是中國古代的諸子百家思想，孔子、孟子、老子、韓非子、孫子等，仁、禮、忠、孝等都有。第一節課往往是「己所不欲，勿施於人」。老師會問：「如果你的朋友偷了你的書包，大家欺負你，你會高興嗎？」我們一起大聲喊：「不高興！」老師接著講：「那你也不要對朋友那樣，明白了嗎？」我們回答：「明白了！」我們讀中學時，也主要在語文（古文、漢文）課上接觸諸子百家，直到佔高考語文考試四分之一（五十分）的「漢文」。如果說，日本人對中國古代史和思想有著比較多或深的瞭解，起點在這裡。

另一種是實踐，學校會安排學生到養老院、殘疾醫院等地，接觸並照顧弱勢群體，盡量溝通，學會相處。比如，週末早上，一個班（三十人左右）分兩個組，一組去養老院，大概三個人成一小組，陪一個高齡者散步聊天，打牌，幫助他們讀書；另一組去殘疾者學校，提前學習「手語」，用它跟殘疾者溝通，一起吃飯，度過半天時光。

據我的經驗，中國的中小學老師似乎不怎麼講道德的意義，學校也沒有開設類似的課程。學校的課程安排及背後的體制背景，確實影響著年輕人禮儀道德的相對滯後。

不過，這不是問題的全部。學校教育畢竟有著很大的局限性，尤其是高中，主要目的還是實現升學，讓孩子們提高競爭力，最終成爲社會人。

教育必須分工完成。學校教育如前所述。它和包括媒體報導、政府宣傳在內的社會教育，主要是使孩子學會「做事」。而培養孩子如何「做人」，則是家庭的責任。

我經常看到中國家長對孩子過於寬鬆或溺愛。比如，小孩在地鐵裡吃味道濃厚的漢堡、大聲說話、站在椅子上跳舞等，作爲一個社會公民，這是絕不應該的。但家長卻一點都不在乎，還以「我孩子眞可愛」之類的態度向周圍張揚。小孩子不懂事可以理解，這就要由家長主動處理。如果在日本，家長會趁機在公衆場合好好教訓一頓，讓自己的孩子直接體會什麼是對、什麼是錯。若在我家，父母當場就打我屁股，讓我在家門外站著反省一個晚上，並「斷食」一天。

連基本對錯都分不清的孩子，其未來走向是相當可怕的。家長們除了關注孩子的學習成績，也應該多花點時間和精力，教育孩子學會如何做人。因爲高考有可能決定一個中國人的職業，而能否做人更有可能影響一個中國人的人生。孩子是看著父母的背影長大的。家長做好人，永遠是個前提。

20 日本爲何沒有「范跑跑」?

在日本，地震是生活的一部分

二〇〇八年五月，四川大地震發生的時候，有個叫范美忠的教師不顧陷入災害的自己學生，就逃跑，後來在網上被痛罵成「范跑跑」。網友覺得，范先生沒有應有的道德，作爲一名教師，作爲一個人，都不合格。

從宏觀角度看，對他的爭論是有益的，可以增加人們對自然災害的關注，加強憂患意識，以後再有地震時，就會減少人員傷亡。但對於一些謾罵，我覺得沒有道理。因爲他所遇到的具體情況，外界都不太瞭解，不要輕易去指責，畢竟，你所看到的未必就是眞實的情況。

我來自伊豆半島，那裡是地震多發地帶，還有火山爆發、海嘯、颱風、水災等自然災害。每次大地震後，日本專家都在電視中說，下次大地震估計要發生在伊豆了，幸好，專家們的預言至今還沒應驗。後來的時事表明，二〇一一年三月十一日，在日本東北發生了大地震、大海嘯以及核洩漏危機，使得日本這個國家陷入戰後最大的危機，引起了國際社會的密集關注。

四川大地震發生後不久的六月十四日，日本宮城縣栗原市發生了震度七・二的地震，栗原市的城市規模很大，但人員傷亡卻很少。我並不感到意外，因爲從小學到高中，接受過三十多次避震演習，每次回日本探親，我都遇到地震，這使我對地震變得有些麻木。在日本，地震經常發生，已成爲生活中的一個組成部分。在我看來，只要做好準備，地震並不可怕。

當時，日本地震局提前十秒做出了預報，只要六秒鐘，預報資訊就在日本唯一的公共電視台NHK中播出，這挽救了許多人的生命。在地震預報上，日本兩方面優勢明顯。

首先，日本經常預報地震，雖有不準確或漏報的情況，但整體上令人滿意，據專家說，大的地震相對容易預測，小的比較困難。

第二，有了預報，還要及時向公衆發布資訊，比如栗原地震，從預報到播出只用六秒鐘，這就要地震部門和電視台之間配合非常默契。在日本，各大型公共場所都有專用的地震預報廣播，比如大的商場超市，經常會播出「多少分鐘後會發生X級地震，請大家迅速撤離」的資訊，大多數日本人對地震預報前面的提示音樂都很熟悉。

在日本，收視率最高的節目是天氣預報，地震預報資訊一般在這個節目中發布。

日本注重實際演習，預報僅是減少地震災害中很小的一部分工作，更重要的是日常的安全教育。在日本，從小學一年級開始，學校每個學期都必須辦一次避震演習。

遇到地震時，首先應立刻戴上安全頭套，所謂安全頭套，就是平時凳子上的座墊，但經過特殊設計，在發生晃動時，立刻將它扣到腦袋上，以保護頭部。然後是迅速躲到課桌下面，等到晃動停止後，在老師的帶領下，迅速離開教室。

按日本的規定，所有學校建築物必須在樓外安裝臨時樓梯，教室裡要有緊急出口，地震發生時，哪個班走哪條路線，都是事先規劃好的，以避免出現壅堵等情況，這樣可以保證每個學生都能迅速、安全地撤離。

這樣的避震演習每學期都做，十二年下來，大概要接受三十多次這樣的訓練。日本防災教育很少講大道理，更注重實際演習。通過不斷的演習，讓我們明白了，在自然災害發生時，人與人的協調與配合是最重要的。

家家都有防災袋的伊豆是地震頻發區，所以我們那裡的房子基本是木結構的，雖然父母很少告訴我遇到地震該怎麼做，但從他們日常行爲中，我受到很多潛移默化的教育。

比如，重物一般不放在高處，安裝電燈要非常結實。此外，日本家家都有防災袋，裡面放一些壓縮餅乾、罐裝水等，我家有兩個防災袋，防災袋裡的東西都很輕，一旦發生地震，可以拿起來就跑。各家防災袋中的內容不太一樣，但大同小異，其中的食物和水，都是能長時間儲存的，水一般是易開罐裝，這樣不容易變質。有的家庭還在防災袋裡放肥皂等。

在日本，災民住帳篷的情況比較少，大家都是到附近學校的體育館中避難，這樣人員相對集中，容易得到救援，食物和水也比較容易發放。比如新潟大地震，很多人在體育館中住了一個多月。

普通日本人對建築品質都很關注，如果設計師設計的房子不符合抗震要求，一旦被曝光，即使沒有產生不良後果，他也會立刻名譽掃地。日本是地震多發國家，人人都很關注建築的安全問題，人們對不負責任的建築師非常痛恨。

日本沒有范跑跑

日本沒有范美忠這樣的教師，因為所有教師從學生時代起就接受過很多次避震演習，因此遇到地震時，他們知道應該如何做，正確的步驟是什麼，有了專業訓練，人就不會驚慌，能更理性地去處理一些問題。

四川大地震後，一些媒體找到我，問日本是如何做防震教育的，我覺得其實很簡單，做防震教育不要印很多教材，亂花納稅人的錢，只要各學校能堅持做好演習就可以了，投入很少，對學生們的幫助卻很大。

凡事要提前五分鐘。四川大地震和日本栗原市地震不能相提並論，很多情況不一樣，但中日兩國對地震的態度確實有較大差別。

四川是個很富庶的地區，生活很舒適，我問過一些在成都的朋友，他們平時更多考慮的是如何享受生活，從沒有想過會發生地震，所以什麼準備也沒做。而日本的情況就不一樣，從小到大都要接受防災減災教育。栗原市地震後，我也給當地的朋友打電話，大家說：「天天都地震，這次不過大一點。」

看上去，這只是一點點的差別，但實際上差別是很大的。

比如我組織中日之間的會議，日本那邊三個月前人員名單就已經確定了，而中國這邊直到最後一天都不能確定。在日本，一個會開幾分鐘很正常，大家有不同意見也不會馬上表態，會先考慮別人的看法，而在中國，很多會開得很熱烈，幾個小時也討論不清一個問題，大家都以發表自己的看法爲樂趣。在日本，我們從小接受的教育是和別人約會，必須提前五分鐘到，坐在那裡等別人來，而在中國，不守時的情況非常多，遲到五分鐘算不上失禮。日本很多事計畫一出來，大家就會全力以赴去做，而在中國，有時有計畫和沒計畫沒什麼區別。

我不想說這是文化差異，我覺得文化差異並沒有那麼大，都說日本人沒有個性，我不太同意這種看法，日本人的個性也是千差萬別的，彼此之間性格完全不同，只是大家都按著一個規範去做，這樣才能把事情做好。

不要小看約會早到五分鐘，這其實就是一種態度：把任何事情都做在前面，遇到問題時，你才不會慌張。一個人總是遲到五分鐘，那麼你只能等著事情來了再想辦法，那樣自然會有很多不確定性，很多日本人覺得中國很神秘，就是因爲這種不確定性、隨意性的因素比較多。

地震呼喚人們與自然和諧相處，地震災害最終體現著國民素質的問題，包括如何尊重他人，如何與他人和諧相處，如何增加憂患意識……但國民素質的教育不是一天能完成的，如果人人都能早到五分鐘，都能從未發生的角度去考慮事情，那麼，會避免很多傷亡。每個人的傷亡都是大事，如果早做準備，就是挽救了很多人的生命。

地震、火山爆發、水災……這些伊豆半島全有，但在伊豆，沒有人抱怨自然，畢竟自然已經給予了我們很多，我們的吃穿住行皆來自自然，地震是一種自然現象，我們必須學會與它和諧相處，埋怨是解決不了問題的，地震帶來了傷亡，是因爲我們沒有好好地去完成自己的工作，其實仔細想想，所謂天災，眞的就是天災嗎？

當然，中國和日本的情況不太相同，許多事情不能簡單對比。來中國前，我曾經以爲這裡的人很單一，但眞的生活在其中，我才發現中國社會有著驚人的多樣性，不同地區、不同民族、不同性格的人們思維方式、生活方式等千差萬別，非常感謝中國讓我看到了這樣的文化多樣性，這讓我感到沉醉其中，這種魅力是在日本無法體會到的。

眞誠地哀悼每一位在地震中逝去的人們，不論在中國還是在日本，也希望所有受傷的人們能早日康復。在減少地震災害方面，作爲地震多發國家，日本有些經驗值得中國參考。

21 《南京！南京！》：「啓蒙」還是「救亡」？

日本人看《南京！南京！》

中關村電影院，傍晚六點鐘，我坐在第六排的中間位置，周圍都是年輕的女孩了。她們始終哭著，覺得日本兵太殘暴，受害的中國平民太可憐。

我想了一下，如果這些女孩子知道我是日本人，會做出什麼樣的反應？我也感到很震撼，影像留下的感受很直觀。心情很複雜，因爲我是日本人，殺害、強姦無辜平民的，都是我祖國的前輩們。我該怎麼反應，要不要向周圍的女孩子主動表明自己身分，表示歉意？

我始終一邊觀看，一邊重新尋找自我認同。不知爲什麼，眼淚始終沒有流下來。我是不是太無情？

電影結束了，觀衆散了，我一直坐著堅持沉思，直到被清潔工逼迫才離開，想了很多。

《南京！南京！》的看點有兩個：一個是日本兵所做行爲如何殘暴以及中國平民所受的傷害

如何沉重。開槍、屠殺、強姦等場景必然深入中國人的心，必將加劇中國人對「日本」這一抽象概念的厭惡感。

另一個看點則是男主角角川帶有的人性、人情、人心。導演陸川有意把日本兵的部分環節「人化」了。不管是言行、表情還是最後無奈中的選擇——自殺，角川作為軍人，在這部影片裡顯得很溫柔。

假如日本人看了這部電影後會有何感受？任何人都有人情，雖然日本和中國在中日戰爭中的立場截然不同，但我相信日本人看完後一定也會感到難受。但同時也會產生一種逆反心理，覺得中國導演把日本兵表現得過於殘暴，以點蓋面，以面蓋點。而堅決主張「南京大屠殺不屬實，根本沒有發生過」，或「即使發生過，三十萬的數字故意被放大，被當局政治化了」的極右分子，肯定會覺得憤怒。

向陸川致敬

我個人是很佩服陸川所付出的心血的。爲了拍這部敏感的歷史題材，花了四年時間，去了日本三次，中途肯定遇到了許多困難，可想而知。在這裡，我向他表示崇高的敬意。在我看來，《南京！南京！》對於中日交流史來說，將成爲某種意義上的里程碑。

作爲中日關係的觀察者，從短期看，我會擔心這部電影將深化中國人和日本人之間的感情隔閡。畢竟是以「南京」爲題材的抗戰片，在資訊化時代，影像的影響力和滲透力又前所未有地巨大，因此，中國民衆對日本和日本人的印象恐怕難免惡化。

我也跟日本有關機構的人士討論過這部電影產生的影響，他們也很擔心它會不會成爲健康地發展中日交流的障礙，並懷疑——中國爲何總是推廣有關抗日戰爭的電影？是不是跟政府宣傳和愛國教育有關？

不過，從長期看，我們絕對不能忽視《南京！南京！》帶來的積極影響。陸川刻畫了戰爭的殘酷性，但他也沒有忽略人性的普遍性。雖然陸川採取的模糊法將遭到部分公衆的批評，但這恰恰是他的高明之處。他正在考驗兩國觀衆：中國人和日本人在中日戰爭這一巨大分野中，能否找到哪怕一點點共鳴？

歷史認識是靠著時間和交流一步一步推進的。《南京！南京！》將是促進中日兩國人民「歷史認識正常化」當中的切實環節和重要一步。陸川說：「我最大的野心是把《南京》放到日本去。」我相信，無論從政治還是商業的角度看，把它輸出到日本市場有一定的難度。但我的立場很清楚，但願這部電影能夠到日本去，讓日本人看後有所感受，有所思考。

在歷史認識問題上，兩國之間立場上的不同很正常，但這意味著更需要交流。南京大屠殺也好，右翼分子也好，極端民族主義也好，靖國神社也好，中國人和日本人在這些敏感問題上，都需要瞭解對方到底想什麼，要什麼。迴避是不理智的，面對才是勇敢的。

殘暴之上的人性

我畢竟是日本人，評述當年中日戰爭中在南京發生的故事，又是針對中國導演拍攝的一部戰爭片，只好帶著複雜的心態，也許不太合適。但作爲目前在中國生活的日本青年，我也不能有意避開討論它，就站在會寫中文的普通日本人，而不是什麼專業的影評者的角度，盡可能眞實地表達看完這部電影後的直接感受。

首先，我不能不談《南京！南京！》體現的「殘暴性」。這部影片的大部分內容是由日本兵對中國平民，包括婦女和孩子的殘酷、強暴行爲組成。開槍也好，屠殺也好，投彈也好，強姦也好，日本兵給觀衆們留下的印象幾乎都是「絕對負面」的。看完這部電影的中國觀衆必然加深對日本以及日本人的反感和厭惡。此外，從被強姦的婦女們的裸體反覆出現的內容結構看，這部電影恐怕也不太適合兒童們去看，中國國內輿論，尤其家長對此也會有意見。

關於陸川導演對整個電影採取的立場，我是非常理解的。陸導作爲中國籍導演，尤其對於抗日戰爭片的政治正確性必須保證。在整個內容當中，描述南京的殘酷性是壓倒一切、至高無上的政治任務，在這點上，他毫無別的選擇，用筆者的語言說是一種「無奈」。而他的「意圖」體現在角川（中泉英雄飾）的身上，陸導對角川的塑造是這部電影的亮點，甚至可以說是有別於以往抗日戰爭片的創新。無奈與意圖之間爭取平衡，使得觀衆在觀看、思考的過程中，增加不同的視角，持有多層的觀念，在我看來，這是陸導的「高明」之處。

一目了然，陸導對角川這位日本兵的塑造是「人化」。角川在這部電影裡不是完全被機械化的魔鬼，而是跟大部分人類一樣，帶著性、情、心的人。人性、人情、人心，人有時動心、有時瘋狂、有時脆弱，角川在戰場上扮演著所謂「正常人」的角色。他聽從上司屠殺的時候，命令部下投彈的時候，讓晚輩「搞」百合子的時候……他的心是動的、搖的、亂的。之所以角川顯得非常人化，一方面是因爲他的言行和表情作爲軍人過於軟弱（我仍不知陸導爲何這樣做），另一方面是因爲其他日本兵基本上都扮演非常「魔鬼」的角色。角川與其他日本兵之間明顯存在的「對稱性」，是這部電影的看點之一，也是陸導用心展開的塑造點之一。典型的場面應該是結局部分，它是很深刻的，陸導故意採取「模糊法」，使得觀衆用自己的頭腦探究當年南京發生的眞實究竟何在。

角川帶著一位部下，還有小豆子和胖胖的中年男人走到周圍什麼都沒有的草地裡，把兩個被害者放走，等於「解放」了他們。然後，他在沉思中跟部下說了一聲「活著比死還難」這句意味深長的話，做了部隊特有的「告別」姿勢。部下大喊，「角川兄！」他應該是整個部隊裡或多或少明白角川痛苦的戰友，角川也比較信任他。角川看到他和兩個獲釋的中國人都離開了一段距離後，忽然向自己頭部開槍，自殺的瞬間，終於「解放」了自己。部下回頭看，知道了事情的發生，感到悲傷。小豆子和大胖子聽到開槍的聲音，起初以爲自己身上發生了什麼，等到發現沒事兒，便感到放心，帶著笑容走開了。

角川的選擇是有理由的。角川選擇自殺之前說，「活著比死還難」。關於這一點，或許不斷向部下們發出無情命令、向戰場的被害者們施行殘酷暴力的那位角川的上司，也有所認知，與角川同樣堅信「活著比死掉艱難得多」。

坦率說，我在觀看的過程中，早就預料到角川最後會選擇以自殺結束生命、解放自己的。這也許跟日本人的傳統民族性有關。無論如何，一個人在一輩子裡做了違背自己信念、原則的事的時候，他會想到以自殺的形式向社會請求諒解，以生命爲代價向晚輩留下希望，以犧牲來尋求自己的安慰。在日本「武士道」中，「切腹」是過去比較普遍的自殺方式。角川的行爲也許可以與日本人的「武士道」精神聯繫在一起，加以理解。

我只是想相信，當年選擇類似角川那樣命運的日本兵應該不少，陸導塑造的角川，無論是在虛擬世界還是現實世界裡，絕不是「個案」。我從當年被強迫遣送到中國戰場的長輩們那裡，親自聽過他們在殺人的時候是帶著什麼樣心態的……

「啓蒙」而非「救亡」

我希望能夠與大家一起正視的是，角川的言行、表情甚至選擇是否眞實？是不是富於眞實性的角色？我很清楚，通過這部電影的公映，陸導被觀衆以及輿論批評的，很有可能恰恰是圍繞對角川這個「人」的塑造方面。中國人會抱著反感指出：「日本兵怎麼可能有人性？日本兵不是魔鬼嗎？」陸導有意塑造出的日本兵的「兩面性」，也恰恰成爲《南京！南京！》飽受爭議的根本原因。

問題在於，中國人甚至日本人如何理解陸導對日本兵兩面性的處理？據我猜測，中國人會認爲，陸導描述的日本兵不夠客觀、全面，不能有像角川那樣的「人兵」，太給日本人面子了，對日本、對歷史過於軟弱，不能接受。日本人則會認爲，陸導描述日本兵不夠客觀、全面，把日本兵弄得一塌糊塗，過於殘暴和無情，像角川那樣的兵應該更多，不能接受。畢竟，中國和日本在中日戰爭中的立場是兩個極端，作爲歷史的遺產，心理上的相反將永遠存在下去。正因如此，中日兩國的觀衆看完這部電影後，都有可能產生一種逆反心理，無法滿足各方的需求，疑慮自己吃虧，用日語的方式說，「後味」難免彆扭，讓誰都感到不舒服和難受。這一點恰恰是陸導經過精心策劃體現出的創新和高明。

我的思考是，中國和日本的觀衆應該如何理解陸導給出的啓示?他在電影中，有對日本兵、被害者、平民、難民、婦女、孩子、拉貝先生各色人等一舉手一投足的描述，但對整個事件殘暴的程度、覆蓋的廣度、表達的力度是會有爭議的。有人會認爲，描述殘暴的程度有些過分；有人會認爲，覆蓋的面太狹窄；有人會認爲，表達的力度不夠強硬。尤其在中國觀衆和日本觀衆之間，對這部電影的認識有根本上的差異。

不過，我想說的是，除了對《南京！南京！》截然不同的評價，產生兩國民衆之間的分歧，加劇相互不信任感之外，我們能不能擁有更加深層的感悟?中國人和日本人瞭解到戰爭的殘暴性、人類的共同性、人心的脆弱性、生命的可貴性、命運的不確定性後，能不能產生某種共鳴?中國人和日本人的認知能不能發現一點點重疊的部分?得到某種共同感受是不可能的嗎?難道歷史認識是永遠不會達成共識的嗎?假如這部電影只是起到進一步加劇中國人和日本人之間的感情隔閡，深化相互不信任感的作用，我認爲，陸導的「願望」不會反映於現實，藝術作品則只好沉濺於藝術本身。

但願陸川導演拍攝的、票房將達到一定數字的《南京！南京！》，對公眾來說是一種「啓蒙」，而不是某種「救亡」。

22 《拉貝日記》在日遭禁背後

二〇〇九年四月二日，由華誼兄弟與德法等國共同出品的中德合拍巨製《拉貝日記》在德國公映。這部以「客觀」角度講述一個德國納粹商人在南京大屠殺中，如何挽救二十五萬人的生命，被譽爲中國版《辛德勒的名單》，將於四月二十九日面向中國觀衆。

本來以進入中、德、日三國院線爲目標的《拉貝日記》，由於「從國際視角出發，正面表現了南京大屠殺這一歷史事件」，因而在日本遭到全面禁映。日本幾家著名的國際發行商都已拒絕看片。在片中扮演戰犯朝香宮鳩彥的日本著名影星香川照之，也遭到日本國內輿論的質問和批評。香川表示：「在日本，南京題材的電影不能上映，日本人也不會拍這樣的影片」。

我首先認爲，以「中德合拍」的方式進行拍攝、向國際市場推出的「中國版《辛德勒的名單》」，從「戰爭片史」的視角看，具有突破性的意義。衆所周知，中國和德國是二戰的戰勝國和戰敗國。傅里安導演描述「一個納粹商人在戰地南京展開的勇敢行爲」，的確是史無前例的嘗試。但願《拉貝日記》能夠深入世界愛好和平人士的心中，從另外一種角度認識當年的南京。

其次，這部以南京大屠殺爲題材的影片在日本遭到禁映，筆者感到很正常，並表示理解。日本畢竟是言論自由、輿論相對多元化的社會。發行商從「賺錢」的角度出發，很難下決心把這部難以取得本國國民認同的電影引進到國內市場。再加上，日本輿論界圍繞「南京事件」始終充滿爭論，百家爭鳴，沒有統一的觀點。雖然日本政府戰後始終貫徹「以史為鑒，面向未來」的立場，但還有許多言論人士堅決認為，「南京大屠殺根本不屬實，從未存在過」。面對錯綜複雜的歷史觀，當事者謹慎考慮「政治風險」也是可以理解的。

再者，此輪「遭禁事件」再次折射的是，處理歷史題材的難度。毋庸置疑，真正優秀的文化、藝術作品既深入人心，也超越國界，是促進世界公民相互理解，建立深厚友誼的絕佳途徑。但與此同時，不能否認的是，自從一六四八年西發里亞體系建立以來至今，國際社會一貫奉行的是所謂「主權體系」，就一個主權國家而言，「國家利益」是至高無上的。歷史則是各國政府最難以處理的問題，也是各國公民最難以擺脫的記憶。只要不利於維護本國尊嚴和利益，政府有理由不承認它，社會有動機抹殺它，老百姓有情緒抵抗它。這是覆蓋全世界每個角落的事實。

「趁機」對有時糾纏中日關係正常發展的歷史糾紛表示兩點基本立場：

一，所有愛好和平的中日兩國人士都要弄清，今天我們討論的是「歷史認識問題」，而不是「歷史問題」。假設中國和日本在一九七二年建交之際，圍繞「歷史問題」無法達成政治共識，周恩來和田中角榮是不可能簽字的。《中日聯合聲明》稱；「日本方面痛感日本國過去由於戰爭，給中國人民造成的重大損害的責任，表示深刻的反省。日本方面重申，站在充分理解中華人民共和國政府提出的『復交三原則』的立場上，謀求實現日中邦交正常化這一見解。中國方面對此表示歡迎」。可見，「歷史問題」對中日關係來說是個「原則」，而不是「問題」。至於兩國公民如何

「認識」當年發生的歷史，我們只好依靠時間和交流，逐漸得到改善和推進。

二，關於「南京事件」，日本官方立場始終尊重這一「史實」。但圍繞「當年到底有多少人死亡？」兩國卻存在分歧。我堅決認爲，兩國政府之間在事實方面「堅持共識」，才是重中之重，至於具體死亡人數，必須避免政治化、甚至社會化。在當今中日交流不斷深化、多層化的形勢下，老百姓之間爭論「到底死了多少人？」是不理智的，不現實的。我們應該把這一複雜而深遠的課題提交給兩國的歷史學家，請他們進行踏實、認眞的研究，等到時機成熟，老百姓再進行討論。令人欣慰的是，中日之間已經建立了「中日共同歷史研究委員會」這一交流平台，並得到了兩國首腦的支持。「歷史認識」對人類來說是永恆的課題，是通過我們後代的誠懇努力，一步一步推進下去的終極目標。

最後，在這裡，請允許筆者對「這個角色雖然會招致很多人的批評，但我用我的生命去經歷了這樣一件事情」的香川照之這一「同胞」，表示崇高的敬意。就像《拉貝日記》女主角張靜初在新浪訪談中表達的那樣，「在這個世界上，大部分人其實都是隨著大流的，很少人眞正有勇氣站出來。這種正義感其實是非常難得的，是很少人能做到的」。

23 靖國神社是「複雜」的地方

《靖國神社》是「反日電影」還是「交流平台」？

二〇〇九年一月十四日下午，我作客中國國際廣播電台《國際在線》，與著名紀錄片電影《靖國 YASUKUNI》的導演李纓先生展開了對話。

說句內心話，我很高興有機會跟李導好好溝通，學到很多，收穫不少。我觀看《靖國神社》最大的感受是重新認識到：靖國神社是個「複雜」的地方。這部紀錄片在日本很紅，票房已經突破記錄了，至今還在上映著。希望中國朋友們也好好看看這部紀錄片，對靖國神社以及靖國神社問題會有新的認識。就像李導說的，「這部紀錄片一定引起大家的思考」。

《靖國神社》這部電影去年確實在日本引起了軒然大波，最主要的問題是：當時一部分媒體認爲這是反日電影，爲什麼會有基金資助這部電影，導演又是中國人，所以他們覺得這有很大的問題。所以後來導致電影一度終止公映，放映後的很多反映很激烈，從去年五月到現在還在日本放映，而且已經成爲日本歷史上關注最多的紀錄電影，這很有意思，也引起了日本整個社會的反響和思考，能夠引起一種思考這是這部電影最重要的目的之一，因爲這個電影拍的是靖國神社現象，社會的反映、社會怎麼看待這部電影，本身就是這部電影的延續的一個部分。日本人本身怎麼看這部電影，然後，中國人包括亞洲其他國家怎麼看這個問題，怎麼展開一個對話，這一部電影畢竟是一個契機，這樣可以讓大家進一步對話、深入思考一些問題，這是非常必要的。

這部紀錄片搭起了兩國人民溝通相信的平台。

我看了這部電影之後的第一感覺非常好，李導爲中日民間交流、相互的信任做了一個大事。我覺得這部電影可以引起很多深入的思考，它不是反日的，也不是盲目強調愛國的，也不是放大某一點的，是全面介紹的。我相信李導拍攝的時候遇到很多困難，但我第一感覺，看了之後更深層認識到，靖國神社是一個複雜的地方，有歷史的地方，有現實矛盾的地方。我作爲日本人看了之後，首先學習了很多東西，也思考了很多，我作爲一個日本人，看到一位中國導演在日本首先給日本人拍攝電影，讓日本人學習很多東西，這是中日關係發展到一定程度之後，才會產生這種東西，所以我覺得這次李導所做的工作非常有意義，同時我希望能夠有更多的中國人參與進來。我相信這部紀錄片不僅在日本，很多中國朋友甚至其他國家的朋友，也可以通過這部紀錄片深入思考一些問題，這才是這些影視作品應有的狀態，在這裡，我覺得李導做了非常重要的工作。

我在中國生活了五年，也從事和媒體互動的工作，我在一定程度上瞭解中國人怎麼看待歷史的，現在有很多反映二戰題材的片子，我作爲日本人，看了中國人拍的二戰題材的片子，我沒有不能接受的感覺。但日本人和中國人畢竟當時立場不同，中國人或者中國導演作爲受害方的當事者，他們拍攝的二戰是比較悲觀的，這些做法，我覺得是可以理解的，可以接受的。以前這種立場的區別，我們是二元化的看待，日本人對當年的觀念是很複雜的，就像《靖國》紀錄片說得那樣。在二戰這點上，無論中國人還是日本人，尤其是應該有更多的日本人瞭解，怎麼看待那段歷史，中國人怎麼看待那段歷史，在這點上希望有更多的推動，這樣相互認知會比較好一些。

李導說過一句話，說《靖國神社》這部紀錄片是自己寫給日本的一封情書，李導說他特別反感「反日」這個詞，在日本，人們一直說《靖國神社》是反日電影，中國方面有反對聲音。靖國神社不能代表全部日本，靖國神社是日本其中一個面孔，但不是日本的全部。即使是反對靖國神社，也不能說是反日，日本是一個綜合體，我們都知道，日本是一個整體的形象，是一個國家的文化的多元結合體。

所以反日是不可能的，電台或者電視台，任何地方都在用日本的東西，眞正反日的話，電視台都不可能運作。應該就事論事，不能感情用事。研究一下歷史就知道，日本侵華的時候，其中利用的就是中國在反日，這是很容易煽動民族情緒的一句話，這是李導最反感的，所以《靖國神社》不是反日的電影。恰恰另外一個意義上來說，它可以讓大家冷靜的面對一個現象，開始一種對話，表達相互的關係。

李導在日本生活過，他對日本很有感情，要不然也無法在日本生活十九年。這部電影，也可以說是他對日本生活的表達，表達不是爲了把日本說成一個惡魔化的形象，恰恰是看到一個問題，就把它擺出來，把它正面表達出來。

李纓：好與不好，都要表達出來

在談話中，李導說道：

相對應的，情書的意義是什麼？表達的是一種好感，愛情的方式有多種多樣，你看到了一些問題，認為不好的一面的時候，可以表達出來，如果大家能夠在某一點上得到共同的認識，能夠有一種改善的話，在這種基礎上談的戀愛才更有效果，才能相互的擁抱。不然所有東西都是表面化的，就像中日的友好關係，我們談了很多年，但是實際上有很多時候大家是在隔靴搔癢，中間的壁壘很深，大家就達不到一種溝通，為什麼？我們強調了那麼多友好的東西，實際上效果又是怎樣的？大家都可以考慮的。就是說不能迴避，要把一個問題拿出來大家溝通，溝通之後，我覺得碰撞不可怕，摩擦不可怕。然後在這個基礎上，大家才能真正的加深一種愛情的表達。我覺得在這個意義上說，這是一個真正的意義上的情書，而且是大家可以看到現在日本社會的反映之後，恰恰又讓我們看到了日本社會的另外一面。這些我覺得都非常重要，通過日本社會對電影的態度、方式，就可以瞭解到日本更多方面的面孔，他們的心態、文化，他們為什麼最終可以接受這個電影，而且這麼多觀眾關注這部電影？經過很多問題之後，日本社會怎麼用他們自身的防禦能力或者危機意識，對自己文化的一種危機感，對自己社會的危機感，來維護一部電影的上映？在這方面我非常感動，在日本上映的狀況是前所未有的，螢幕兩邊有保安，所有觀眾都要進行檢查，還有警察等在一邊，萬一有問題馬上處理，在這種情況下也要上映這部電影，這是我非常感動的一點。日本社會如何看待這部電影，如何接受這部電影，也是我非常想傳達給中國觀眾的一點。

電影放映之前引起一些風波，這都是我瞭解日本的一部分，我本身在日本導演協會工作，作為中國人，我覺得日本的電影已經非常多元化，就像日本導演協會理事長是韓國人，這在中國就很難想像。這樣的話，一直有多元化的一點，所以在遇到問題的時候，導演協會也好、日本各方面的文化、藝術團體都發表聲音支持，並且許多重要的媒體都在談論這部電影，這點確實讓我很感動，我瞭解他們文化的多元性，但通過這次事情，本身也加深了我對日本社會的一個認識。這個認識就是說，日本真的是有一點讓我非常佩服，他們本身的危機感非常強，這種危機意識是促使日本社會不斷的反省、不斷的修正、不斷的強大的一個很重要的因素。

這就是我最深的感受，感覺到日本人的危機意識，和自我發現、自我修正的能力。這是非常重要的一點。這維持了戰後日本社會的一個發展方向和存在的基本基礎。在這方面，日本的社會一發現有不妥的時候，整個都會起來維護。這是非常重要的，這才是日本的主流社會。我覺得通過這個就看出來日本的主流社會，我一直說這是非常健康的體制，對細菌、病菌抵禦的能力，這是日本社會非常了不起的。毫無疑問，靖國神社問題，我描繪的是戰爭後遺症，那裡有很多令人擔心的問題，這種病菌、令人擔心的問題，日本如果能夠正視它，從自己國家內部、從社會文化的內部來看待它、思考它，應該怎麼辦，我覺得這就非常有意義，而不是迴避，哪怕這個問題是被中國人導演拍攝下來，引起很多國際上的關注，他們也覺得很坦然，如果最終是這樣一種結果的話，我覺得這是非常重要的。

二戰之後日本飛速發展的原因

危機意識、憂患意識，不斷對現狀進行反省，或許李導講的就是我們強大的動力，也是二戰之後，日本成為和平國家走到今天的重要原因之一。我一直關注《靖國》，當時有可能被禁止放映，這時候我們日本的很多媒體包括報社立刻關注，在社論上發表怎麼處理。我當時在中國，我有一種危機感，如果外國導演拍了這麼重要的電影，而靖國神社問題引起了這麼多爭議，如果不能上映，我們日本還能怎麼樣，還能面向未來嗎？我當時是有這種危機感的。但是結果還是放了，還放了這麼久，而且通過那場風波，我們認識了更多的事情，我們的日本健康體制，包括無論把它說成右還是左，都有思想言論的碰撞，支持、反對都很正常。總而言之通過那場風波，日本的言論有了更加多元化的空間，這是一種進步。我覺得日本不管怎樣說，在戰後左右也好，保守也好，一直是這樣發展過來，相信以後日本多元化的空間會繼續保持，我們現在面對人口高齡化的問題，在這種情況下，怎麼引進外國的資源，不僅是產品、硬體的東西，還有人才，我們日本怎麼實現國際化，怎麼讓日本普通老百姓、媒體等接受國外的國際化因素的東西，在我看來這是非常關鍵的。

日本人看中國人和中國人看日本人首先是一樣的，絕大部分沒法直接溝通，所以只能通過媒體，或者外國的媒體，無論是本國版的還是中國版的，都是通過媒體的資訊來掌控對方的資訊。爲什麼媒體總是把一些負面東西放大，我覺得首先媒體也得生存，所以我不認爲批評是不好的。這就是多元化的問題，日本媒體也有很多種，有偏激的，也有理性的，我們還有電視、報紙、雜誌，都是不一樣的，我覺得負面報導不可怕，互相批評也不可怕，重要的是全面公正，盡可能報導多樣的面孔。日本有各種聲音，有反對靖國神社的，也有支持的，把這樣的碰撞介紹給對方國家，這樣很好。對於日本而言，除了依靠媒體的資訊交流之外，包括日本政府也要主動用對方的語言去介紹，這樣的相互理解應該更健康一點。

24 中國人該如何面對「靖國問題」?

我相信,許多中國朋友也曾或多或少聽說過《靖國神社》這部紀錄片,中國的許多媒體也關注並採訪過李纓導演。《靖國神社》是以靖國神社爲拍攝場所,中國旅日導演李纓從一九九七年開始,與日本的工作人員合作,即以「中日合拍」的形式拍攝的紀錄片電影,二〇〇八年終於在日本公映。公映前後之所以在日本國內引起風波,是因爲《靖國神社》是中國導演的作品。日本某些政治家、對華強硬者、極端愛國主義者等曾對此表示懷疑,並對《靖國神社》的上映施加這樣那樣的壓力。

圍繞《靖國神社》是否應該上映,日本輿論界也大大展開爭論,有支持、反對、無奈、質疑等各種意見。最終結果是,《靖國神社》在全國的電影院上映了,不僅如此,還打破了票房記錄,至今繼續上映。不過,讓李導感到遺憾的是,「一名導演在其作品首次上映時,一般會出面與觀衆們交流,但這次不允許我這樣。當局怕在電影院內外出什麼事。比如,擔心右翼勢力的破壞等」。

我看過《靖國神社》,可以很有把握地說,這不是主張並推廣「反日」的,也不是強調愛國主義的，也不是判斷對錯的，而是一部使得我們瞭解靖國神社究竟是什麼場所，思考靖國神社問題到底爲何如此錯綜複雜的片子。一位主人公是從戰前就給戰場提供「靖國刀」的老刀匠，已經有九十歲，至今依然堅持著。他的生活狀態告訴觀衆日本人的樸素和勤奮，反應的是「刀」背後的「菊」，也可以說成是「武士道」精神：「但願戰爭再也不發生，大家和平」。這部紀錄片中出現了各種人物：小泉純一郎；美化當年二戰的老一代；否認南京大屠殺存在的中年人；石原愼太郎；支持小泉純一郎的美國人；聊歷史問題的老太太們；一邊喝啤酒一邊向歷史問題發洩平時不滿的叔叔們；對靖國神社當年處理戰爭殉教者的方式提出質疑的「遺族」（戰爭死亡者的家族成員）；要求靖國神社返還英靈的台灣女士；在「靖國神社二十萬人參拜活動」中的國歌聲響時襲擊現場，表示小泉不該參拜靖國神社，必須考慮到亞洲人民感情的日本年輕人，則最後被周圍人毆打，流血受傷，最終被警察抓走了，他呼喊著：「請放開我，我沒有犯罪……」

看完《靖國神社》，與李纓導演對話後，我提出一個感受，一個思考，一個願望。

第一，我對《靖國神社》最終能夠在日本上映感到欣慰。日本是具有「政治自由」的法治、民主國家，法治保證一個作家出什麼書、一個導演出什麼片都是自由的，民主保證政治是不能干涉民間創作行爲的，其對象當然也包括在日外國人。但如前所述，此次李導的創作過程的確遭到過政治性干涉。如果創作後來因那些干涉而徹底被阻止，日本法治民主國家的形象將嚴重受到損害。而事實是，在這一過程中，以媒體爲主的日本各界主張言論出版自由、公權力不能干涉民間行爲，也有對日本的民族主義表示擔憂的。有些著名評論家等合力保護李導，主張作品必須上映。從這一點來看，日本法治、民主的「面子」至少保住了。我也重新認識到日本社會的多樣性，言論的多元性。日本人，尤其是某些根本不瞭解日本民主、法治、多元化戰略的無恥政治家，必須認眞回顧此次圍繞「言論空間」掀起的風波，深刻反思其中的阻礙因素。

第二，《靖國神社》告訴我們，深刻瞭解靖國神社有利於日本人積極思考自身的未來。靖國神社在明治時代成立，剛開始被「國家」管理，後來跨越二戰的昭和時代，變成獨立的宗教法人，在「政教分離」的憲法規定下存在至今。但如今，實際上靖國神社有沒有受到「國家」的干涉？按照「政教分離」的原則，國家領導人參拜靖國神社不是違法嗎？小泉純一郎曾說：「作爲一名日本國民，我對爲國家而逝世的英靈們奉獻哀悼之意，參拜靖國神社是精神的自由，是心的問題。」這一姿態曾經也引起過周邊國家的抗議，引發外交糾紛。不過，無論如何，靖國神社是日本人自身的問題。李導在私下跟我說：「許多日本人不瞭解靖國神社和天皇的關係，兩者密不可分。」日本國內政局失控，導致軍國主義，發動戰爭，兩百萬以上的無辜人民被捲入戰爭，這一切到底是誰的責任？我們所說的「戰爭責任」是怎麼處理的？日本人有沒有清楚地追問這到底是誰的責任？有兩個事實：最直接參與二戰決策過程的「甲級戰犯」英靈合祀在靖國神社；天皇制至今依然保留，日本還是天皇的國家。二戰後，日本被美國「佔領」，走出戰敗，回歸國際社會。美國「改造」日本的過程中，要求非軍事化和民主化，天皇制卻保留了。在隨後「戰後復興」的過程中，日本集中發展經濟，自身的安全則依靠日美同盟，成爲世界第二經濟大國。日本人證明了天皇制和民主制不矛盾，可以共存。但作爲戰後奇蹟的後遺症或副作用，有些問題依然存在，其集中的場所恰恰就是靖國神社。對靖國神社的深入瞭解，反映的是日本人對自我定位、國家定位、未來走向的思考。

第三，《靖國神社》這部中國導演在日本用日語與日本夥伴一起創作的紀錄片，中國人也應該好好看，並且珍惜。李導正在朝著把《靖國神社》在中國上映做出努力，與有關部門和人士協商中，令人欣慰，期待。據我瞭解，大部分的中國人一聽到「靖國神社」就想起軍國主義，想起小泉純一郎，想起「小日本」、「日本鬼子」，這類思維過於簡單化、情緒化，對於現實中的問題和矛盾嚴重缺乏理性的觀察和態度，這樣不利於中國人正確面對歷史問題，更不可能要求日本人正視歷史，說白了，損害中國的國家利益。我相信，《靖國神社》至少能夠告訴中國人三點：一，靖國神社是複雜的地方；二，日本人的歷史觀是多樣而複雜的；三，歷史問題不是要解決，是要超越的。

最後，我對李纓導演表示崇高的敬意，李導為「我們」做了一件大事。節目結束後，我們討論中日關係。離開時，李導跟我說了一句令人深思的話：「先做好自身，然後，為對方著想。」

附一：日本學者評《靖國神社》：空間慢慢變成場所

作者：四方田犬彥
譯者：李鴻君、加藤嘉一
《南方週末》二〇〇八年四月十六日

四方田犬彥是日本明治學院大學文學系藝術學科教授，主講電影史。今年二月，他寫了一篇關於空間和場所的文章，論述「有記憶的空間才叫場所」，並以紀錄片《靖國神社》為其中一例，發表於日本《新潮》週刊雜誌四月號。當時他還不知道一個多月以後，會發生被他稱為「愚蠢的醜聞」的停映風波。

> 有朋友問我要不要看中國人拍的一部叫《靖國神社》的紀錄片，說花了十年的時間。猛一聽，心裡咯噔了一下，就是一般的日本人也會有和我一樣的感受吧。
>
> 在國粹主義者當中，可能會有人產生激烈的抵觸情緒，「爲什麼不是日本人而是中國人拍這個片子?靖國神社和祭祀在裡面的英靈，對於外國人來說是不可能理解的。」每年八月小泉首相參拜靖國神社之事一直受中國指責，而這位旅日的導演正是來自於中國，也許沒看電影以前，腦子裡已經認定這是一部政治宣傳片。但是，不管是紀錄片還是劇情電影，一部優秀的影像作品往往表面上主題接近意識形態的政治宣傳，而僅一層之隔，它卻能出色地發揮批評作用，將超越政治宣傳的深刻洞察力投向它所要描繪的對象。很多時候，這樣的作品反而表明了敢於接近禁忌題材的導演或者製作方的倫理性。

李纓以靖國神社作爲紀錄片的主題，其目的不在於該神社合祭著甲級戰犯，也不在於日中關係爲此如何如何，因爲李纓導演瞭解這是「日本人論」的一個環節，是一直延續至今的情結。這部片子花了十年工夫採訪和拍攝，擔任副導演和錄音的中村高寬，曾在北京電影學院留學，回國後拍了《Yokohama Merry》(二〇〇六年)這部優秀的紀錄片，引起了很大的關注。我堅信，對日本社會和日本人有著深刻感性認識的李纓，聯手在北京留過學的中村高寬，絕不會把自己的作品定位在單純的政治宣傳上。在試映室看完之後，我深深地爲片子的一氣呵成，感到痛快淋漓。

《靖國神社》一片中，既沒有把該神社當作神聖的死者長眠的嚴肅場所來描繪，也沒有把神社作爲在虛僞意識作怪下無價値、無意義的空間來諷刺批判。李纓的靖國神社是作爲一個祭祀空間開始的，這裡多種對立的聲音爭執著，各自以不同的方式追根溯源。導演的姿態是將這裡產生的所有雜音，作爲事件無偏頗地加以處理。

各種各樣的人來到神社，舉行著各種各樣的活動。有穿著舊軍服、步履紋絲不亂的老人。也有圍著項圈、唱著陌生歌曲的男子，他們是住在台灣山地的泰雅族，曾幾何時，他們的祖、父輩被徵作爲日本兵，死後又作爲英靈被祭祀在此。然而，對於他們的抗議，對於他們憤怒中包含的主張，神社方一直置之不理。

另外，神社中所見的奇異裝束和言行，《靖國神社》都一視同仁地讓其共存，神社成了被過度放大的慶祝祭祀空間。爲靖國英靈默默祈禱的人、藉著神社政治示威的人，還有企圖妨礙示威的人，在這部片中都變成了丑角，都顯得那麼荒誕。李纓是否意識到這一點並不是問題，關鍵是他的影像把這個場所潛在的力量顯現出來。

我認爲，如果李纓導演只是盯著這些不同群體中蔓延的歧視與偏見的話，有關靖國神社在日本人心中的整體印象，他是無法理解的。

以上這些內容僅爲《靖國神社》片子的一半，實際上，影片的另外一部分，導演則介紹了該神社一直流傳的靖國刀的由來，並詳盡地描寫了延續至今的鍛刀過程。如果說前半部是喧鬧的祭祀慶典，後半部卻是寂靜的，導演捕捉鍛刀工作和相應的世界觀的虔誠，可謂一目了然。

九十高齡的刀匠，對待工作沒有絲毫的遲疑，他一板一眼地在觀衆面前展示著劍道的眞髓，其形象本身具有強烈的禁欲性。而且，他以平民柔和的口吻，毫不猶豫地認爲小泉參拜靖國神社是理所當然的。他沒有一絲歇斯底里的攻擊，連對中國的敵意都沒有。通過這個長長的畫面，李纓導演明確地告訴我們，和石原都知事、小泉首相以及那些舉動瘋狂的右翼青年相比，這位樸實的刀匠的言談舉止才體現了日本最本質的東西，如果對於這一點不能深刻體會的話，圍繞靖國問題，日本和中國，乃至其他亞洲各國之間的相互理解，是無法達成的。僅僅停留在意識形態、歷史解釋的正當性層面上，誰也說服不了這位老人。而正是像鍛刀老人這樣的人以無名氏的形式，讓靖國神社的理念頑強地保留至今。

在空間慢慢變成場所的過程中，有多少力量在較量，這是《靖國神社》的主題。就像聚集到靖國神社的人們穿著奇裝異服和怪異舉止一樣，所有的記憶都被惡俗化，嚴肅的場所背離了原來的意圖，漸漸地淪爲喧鬧的祭祀慶典之地。該片細緻地把這一過程記錄下來了。

附二：與《靖國神社》導演李纓對話

二○○九年一月十四日下午，我作客中國國際廣播電台（CRI）《國際在線》，與著名紀錄片電影《靖國神社》導演，我的「戰友」李纓大哥做了一場對話。

說句內心話，我很高興有機會跟李導好好溝通，學到很多，收穫不少。我觀看《靖國神社》最大的感受是重新認識到：靖國神社是個「複雜」的地方。這部紀錄片在日本很紅，票房已經突破記錄了，至今還在上映著。希望中國朋友們也好好看看這部紀錄片，對靖國神社以及靖國神社問題會有新的認識。就像李導說的，「這部紀錄片一定引起大家的思考」。我對李纓導演所做的工作表示崇高的敬意。

＊　＊　＊

〔國際在線〕二〇〇九年一月十四日下午，李纓導演作客 CRIOnline 直播節目《中日網絡對話》，與來自日本的專欄作家加藤嘉一共同回顧二〇〇八年，展望二〇〇九年，探討中日鄰里相處之道。

〔主持人〕大家好，歡迎關注國際在線直播節目《中日網絡對話》，本期對話主題是中日鄰里相處之道，我們首先進行的是中文對話，現在先介紹一下兩位嘉賓，一位來自中國的著名導演李纓。

〔李纓〕網友們你們好，我是李纓。

〔主持人〕他在日本生活了二十多年，拍攝了紀錄片《靖國神社》，在中日兩國引發了廣泛關注。另外一位嘉賓是日本青年作家加藤嘉一先生。

〔加藤嘉一〕大家好，我是加藤嘉一，很高興。

〔主持人〕加藤現在在北京大學國家關係學院攻讀碩士研究生，是位多才多藝的日本青年才俊。希望網友隨時與我們的嘉賓互動，看到節目剛剛開始，我們的互動平台上已經很熱鬧了，很多問題都是關於李導的紀錄片《靖國神社》，我們的話題先從這部紀錄片開始。我知道去年五月《靖國神社》在日本公映的時候，日本觀衆評價非常正面，很多觀衆說，這個片子很公正，沒有什麼反日的情緒，看到的都是反戰的情緒。您也看到了這樣的看法，說實在話，您是不是有如釋重負的感覺？

〔李纓〕關於這個電影確實去年在日本引起了軒然大波，最主要的問題是當時一部分媒體認爲這是反日電影，爲什麼會有基金資助這部電影，導演又是中國人，所以他們覺得這有很大的問題。所以後來導致電影一度終止公映，放映後的很多反映很激烈，我很高興它現在又放映了，從去年五月到現在還在日本放映，而且已經成爲日本歷史上關注最多的紀錄電影，這很有意思，也引起了日本整個社會的反響和思考，能夠引起一種思考是這部電影最重要的目的之一，因爲這個電影拍的是靖國神社現象，我覺得社會的反映、社會怎麼看待這部電影，本身就是這部電影的延續的一個部分。所以我特別重視的一點，我覺得日本人本身怎麼看這部電影，然後，我們中國人包括亞洲其他國家怎麼看這個問題，怎麼展開一個對話，這一部電影畢竟是一個契機，這樣可以讓大家進一步對話、深入思考一些問題，我覺得這是非常必要的，所以我今天很高興，加藤嘉一先生來中國很多年，我到日本很多年，大家有一個對話很有意思。

〔主持人〕您的紀錄片搭起了兩國人民溝通相信的平台。我們這裡有一位日本朋友加藤嘉一先生，您看過麼？第一感覺怎樣？

〔加藤嘉一〕看過，第一感覺非常好，李導爲中日民間交流、相互的信任做了一個大事。我覺得這部電影可以引起很多深入的思考，它不是反日的，也不是盲目強調愛國的，也不是放大某一點的，是全面介紹的。我相信李導拍攝的時候遇到很多困難，但我第一感覺，看了之後更深層認識到，靖國神社是一個複雜的地方，有歷史的地方，有現實矛盾的地方。我作爲日本人看了之後，首先學習了很多東西，也思考了很多，我作爲一個日本人，看到一位中國導演在日本首先給日本人拍攝電影，讓日本人學習很多東西，這是中日關係發展到一定程度之後，才會產生這種東西，所以我覺得這次李導所做的工作非常有意義，同時我希望能夠有更多的中國人參與進來。我相信這部紀錄片不僅在日本，很多中國朋友甚至其他國家的朋友，也可以通過這部紀錄片深入思考一些問題，這才是這些影視作品應有的狀態，在這裡，我覺得李導做了非常重要的工作。

〔主持人〕現在有很多反映二戰題材的片子，您作爲日本人，看了中國人拍的二戰題材的片子，有沒有感覺跟你們的想像不太一樣，或者有點無法接受的地方？

〔加藤嘉一〕我在中國生活了五年，也從事和媒體互動的工作，我在一定程度上瞭解中國人怎麼看待歷史的，我沒有不能接受的感覺。但日本人和中國人畢竟當時立場不同，中國人或者中國導演作爲受害方的當事者，他們拍攝的二戰是比較悲觀的，這些做法，我覺得是可以理解的，可以接受的。以前這種立場的區別，我們是二元化的看待，日本人對當年的觀念是很複雜的，就像《靖國神社》紀錄片說的那樣。在二戰這點上，無論中國人還是日本人，尤其是應該有更多的日本人瞭解，怎麼看待那段歷史，中國人怎麼看待那段歷史，在這點上希望有更多的推動，這樣相互認知會比較好一些。

〔主持人〕李導說過一句話，說《靖國神社》這部紀錄片是自己寫給日本的一封情書，現在來看看，您覺得寫這個情書，意思達到了嗎？如果達到了，爲什麼在日本有很多人不願意把您當作「情人」？

〔李纓〕首先我特別反感反日這個詞，在日本，人們一直說我們這個是反日電影，中國方面有反對聲音。靖國神社不能代表全部日本，靖國神社是日本其中一個面孔，但是不是日本的全部。即使是反對靖國神社，也不能說是反日，日本是一個綜合體，我們都知道，日本是一個整體的形象，是一個國家的文化的多元結合體。我認爲反日是不可能的，你們電台或者電視台，任何地方都在用日本的東西，眞正反日的話，電視台都不可能運作。應該就事論事，不能感情用事。你研究一下歷史就知道，日本侵華的時候，其中利用的就是中國在反日，這是很容易煽動民族情緒的一句話，這是我最反感的，所以《靖國神社》不是反日的電影。恰恰另外一個意義上來說，它可以讓大家冷靜的面對一個現象，開始一種對話。開始一種對話的時候，我覺得應該怎麼樣表達一種情感，怎麼表達相互的關係。因爲我在日本生活過，我對日本很有感情，要不然我在日本生活了十九年啊，我怎麼可能在日本生活下去?我生活不舒服的話，就必須表達出來，表達出來不是爲了把日本說成一個惡魔化的形象，恰恰是我覺得看到一個問題，我們把它擺出來，把它正面表達出來。相對應的，情書的意義是什麼?我表達的是一種好感，愛情的方式有多種多樣，你看到了一些問題，認爲不好的一面的時候，可以表達出來，如果大家能夠在某一點上得到共同的認識，能夠有一種改善的話，在這種基礎上談的戀愛才更有效果，才能相互的擁抱。不然所有東西都是表面化的，就像中日的友好關係，我們談了很多年，但是實際上有很多時候大家是在隔靴搔癢，中間的壁壘很深，大家就達不到一種溝通，爲什麼?我們強調了那麼多友好的東西，實際上效果又是怎樣的?大家都可以考慮的。就是說不能迴避，要把一個問題拿出來大家溝通，溝通之後，我覺得碰撞不可怕，摩擦不可怕。然後在這個基礎上，大家才能眞正的加深一種愛情的表達。我覺得在這個意義上說，這是一個眞正的意義上的情書，而且是大家可以看到現在日本社會的反映之後，恰恰又讓我們看到了日本社會的另外一面。這些我覺得都非常重要，通過日本社會對電影的態度、方式，就可以瞭解到日本更多方面的面孔，他們的心態、文化，他們爲什麼最終可以接受這個電影，而且這麼多觀衆關注這部電影？經過很多問題之後，日本社會怎麼用他們自身的防禦能力或者危機意識，對自己文化的一種危機感，對自己社會的危機感，來維護一部電影的上映？在這方面我非常感動，在日本上映的狀況是前所未有的，螢幕兩邊有保安，所有觀衆都要進行檢查，還有警察等在一邊，萬一有問題馬上處理，在這種情況下也要上映這部電影，這是我非常感動的一點。日本社會如何看待這部電影，如何接受這部電影，也是我非常想傳達給中國觀衆的一點。

〔主持人〕您說到您比較關注電影放映之後日本觀衆怎麼看，但畢竟電影放映之前引起一些風波，是不是看到另外一個您不瞭解的日本？

〔李纓〕這都是我瞭解的日本的一部分，我本身在日本導演協會工作，作爲中國人，我覺得日本的電影已經非常多元化，就像日本導演協會理事長是韓國人，這在中國就很難想像。這樣的話，一直有多元化的一點，所以在遇到問題的時候，導演協會也好、日本各方面的文化、藝術團體都發表聲音支持，並且許多重要的媒體都在談論這部電影，這點確實讓我很感動，我瞭解他們文化的多元性，但通過這次事情，本身也加深了我對日本社會的一個認識。這個認識就是說，日本眞的是有一點讓我非常佩服，他們本身的危機感非常強，這種危機意識是促使日本社會不斷的反省、不斷的修正、不斷的強大的一個很重要的因素。

〔主持人〕這就是您最深的感受，感覺到日本人的危機意識，和自我發現、自我修正的能力。

〔李纓〕對，這是非常重要的一點。這維持了戰後日本社會的一個發展方向和存在的基本基礎。在這方面，日本的社會一發現有不妥的時候，整個都會起來維護。這是非常重要的，這才是日本的主流社會。我覺得通過這個就看出來日本的主流社會，我一直說這是非常健康的體制，對細菌、病菌抵禦的能力，這是日本社會非常了不起的。毫無疑問，靖國神社問題，我描繪的是戰爭後遺症，那裡有很多令人擔心的問題，這種病菌、令人擔心的問題，日本如果能夠正視它，從自己國家內部、從社會文化的內部來看待它、思考它，應該怎麼辦，我覺得這就非常有意義，而不是迴避，哪怕這個問題是被中國人導演拍攝下來，引起很多國際上的關注，他們也覺得很坦然，如果最終是這樣一種結果的話，我覺得這是非常重要的。

〔主持人〕加藤嘉一先生，您從李導說的健康體制中走出來的，您怎麼看？

〔加藤嘉一〕危機意識、憂患意識，不斷對現狀進行反省，或許李導講的就是我們強大的動力，也是二戰之後，日本成爲和平國家走到今天的重要原因之一。我一直關注《靖國神社》，當時有可能被禁止放映，這時候，我們日本的很多媒體包括報社立刻關注，在社論上發表怎麼處理。我當時在中國，我有一種危機感，如果外國導演拍了這麼重要的電影，而靖國神社問題引起了這麼多爭議，如果不能上映，我們日本還能怎麼樣，還能面向未來嗎？我當時是有這種危機感的。但是結果還是放了，還放了這麼久，而且通過那場風波，我們認識了更多的事情，我們的日本健康體制，包括無論把它說成右還是左，都有思想言論的碰撞，支持、反對都很正常。總而言之通過那場風波，日本的言論有了更加多元化的空間，這是一種進步。我覺得日本不管怎樣說，在戰後左右也好，保守也好，一直是這樣發展過來，相信以後日本多元化的空間會繼續保持，我們現在面對人口高齡化的問題，在這種情況下，怎麼引進外國的資源，不僅是產品、硬體的東西，還有人才，我們日本怎麼實現國際化，怎麼讓日本普通老百姓、媒體等接受國外的國際化因素的東西，在我看來這是非常關鍵的。

〔主持人〕我看現在網友的參與非常踴躍，甚至非常熱烈，我注意到有這麼幾位網友問加藤嘉一先生，網友說想瞭解一下日本人通過什麼管道瞭解中國的？另外一位網友說日本媒體爲什麼老是抓住中國某些不好的一面，無限放大，傳達負面資訊給普通日本民衆？

〔加藤嘉一〕日本人看中國人和中國人看日本人首先是一樣的，絕大部分沒法直接溝通，所以只能通過媒體，或者外國的媒體，無論是本國版的還是中國版的，都是通過媒體的資訊來掌控對方的資訊。爲什麼媒體總是把一些負面東西放大，我覺得首先媒體也得生存，所以我不認爲批評是不好的。

〔主持人〕但是要有限度。

〔加藤嘉一〕應該這麼說，剛才說到多元化的問題，日本媒體也有很多種，有偏激的，也有理性的，我們還有電視、報紙、雜誌，都是不一樣的，我覺得負面報導不可怕，互相批評也不可怕，重要的是全面公正，盡可能報導多樣的面孔。日本有各種聲音，有反對靖國神社的，也有支持的，把這樣的碰撞介紹給對方國家，這樣很好。對於日本而言，除了依靠媒體的資訊交流之外，包括日本政府也要主動用對方的語言去介紹，這樣的相互理解應該更健康一點。

〔主持人〕李導，我們說到歷史問題，我們現在看一下現實，在歷史問題上，中日兩國人民的交流也不是很順暢，很多情況下我們有一種情緒。現在進行正常表達、交流，如果有阻力的話，您覺得，是在什麼地方?

〔李纓〕兩國間的交流的一種靈魂是什麼?最重要的是一種民間的情感，而不是政府之間的表達。我覺得我們的兩國交流，長期以來，我覺得在民間的層面上的交流可以說還是非常弱，更多的是一種政府層面的表達，還有媒體的表達，媒體表達也往往根據政府之間的動向來做一些傳達，這種影響很大，我覺得更重要的是，把一種政治層面、政府層面的對話更多的轉化爲民間層面的對話。我覺得這是非常重要的。

〔主持人〕就是政府層面、民間層面兩個管道對話都應該通暢。

〔李纓〕這是非常重要的，就像靖國神社問題一樣，政府之間層面的對話暫時把它擱置，這是好的，沒有必要一定要成爲政府之間政治層面的一個完全是無法避開非要放大的問題。但是民間層面的對話我覺得應該加深，不能因爲政府之間的對話暫時擱置，然後民間也擱置，這種話題好像大家都不太舒服，咱們就不談了，這樣的話，我覺得永遠是人心隔肚皮，沒有共通點。大家要圍繞共通點，各自的表達很重要。從我自身體會來講，不僅僅在日本放映，同樣中國、韓國，大家圍繞共通的東西怎麼表達，這種意見雙方都要瞭解。比如中國人要瞭解日本人怎麼看待靖國神社問題，就這部電影所傳達的資訊，大家的議論溝通才是一個平等、民間的溝通，通過這個溝通大家認識到差距，認識到差異，然後再想差異的根源在哪裡，然後怎麼彌補，這是非常重要的。問題我們現在不做這種溝通，各談各的，中國強調友好，我們就談友好的一面，日本方面說，我們就談現實問題，大家的溫差太大。實際上去年是中日友好很重要的一年，是紀念中日友好交流三十週年，在中國方面，感覺是日本的很多問題我們就暫時不談，就談好的方面，但是結果是什麼？是不是日本的國民由此增加了對中國很多的好感？大家的感情有了多少溝通？去年有一個統計，日本人對中國人的好感度，達到歷史上最低，說沒有好感的超過七〇％。

〔李纓〕我覺得中國人是不是眞的上升了，我是有疑問的，政府層面是破冰，有一定面向未來的思維，但現實層面上是不是有很大的改善？我覺得僅僅是更多的開始談論一些日本方面好的因素，大家是比較接受的，比如日本人開始在我們地震時候的救援，最根本的很多問題並沒有達到溝通，這個問題還是非常大的。

〔主持人〕不管怎樣，畢竟是近鄰，這是無法選擇的位置。加藤嘉一先生，你在中國生活五、六年了，現在給我們中國網友說一下，你對中國什麼地方最擔心，或者最關注哪個問題？

〔加藤嘉一〕我關注很多問題，但還是最關注中國人的心態問題，因爲今天中國的社會不斷變革，包括八〇後、九〇後，年輕人他們是受到祖國轉型和多種文化衝擊的轉折一代，在這種情況下，比如網路上出現很多憤青，或者有不健康心態的老百姓。我覺得我還是最關注中國在整個社會變革中，中國人的心態變化，這是我最關注的。包括我最近參加部落客的聚會，有很多種思想的。他們對現實社會感到什麼樣的不滿，把這種感想互相交流，從中看到很多心態上的變化。我覺得這是我關注的。同時在這個過程中，我也會反觀日本，若我們要促進相互理解的話，李導說得非常對，不斷尋找草根上的共同語言，比盲目強調政治上的友好重要得多，我們對友好要有新的認識，要有共同語言，我是學習國際關係的，深知中日兩國已經到了全面推進戰略合作關係的地步，我們的關係要走出表面，不斷深入到草根、民間，相互理解這些層面，必須搞官方和民間相互促進，可想而知，民間的作用應該更大。

〔主持人〕你們都說到加強民間的交流，現實來到民間交流還是不順暢，比如大家都有一種情緒，這種情緒在哪？

〔加藤嘉一〕肯定的，電影是很重要的文化表達，這是大衆的草根的民間的文化語言，看下來肯定會有不愉快的，但不要迴避不愉快。日本人也有很多人不愉快，就像日本的電影導演也在談論《靖國神社》的感受，這個電影肯定會有讓日本人不愉快的東西，但是日本人不得不面對，他們用這種方式接受這部電影，並不是愉快就接受，不愉快不可怕。同樣的，在中國，很可能中國人看了這部電影也有很多不愉快的，但是問題是在這個不愉快之外，我們應該想的一種是什麼東西，不愉快之後，怎麼溝通、交流，這是最重要，有一種情緒不可怕，問題是要去面對。如果不這樣，悶壞的話又變成情緒化的表達，只會惡性循環。就像日本放映這個電影，開始很不愉快，有很多問題，但是日本社會用自身的方式，最後讓它公映，然後很多人通過這部電影思考很多問題，接受它，然後大家討論，這是最重要的方式。就是說，讓別人可以看到一個民族、一個社會本身理性的能力，這是非常重要的一點。比如從友好的意義上說，不是說要爲對方著想才是友好，有時候我覺得不是片面的說對方好處，而是做好自身。比如這部電影本身，如果日本社會沒有公映，作爲日本的社會形象是極大的損害，但現在他們用這種方式表達了自己的文化態度、社會的存在方式，而這種方式我覺得是最好的一種國際表達，是最好的友好方式。同樣中國也是一樣，中國也有各種問題，並不是我們不談這些問題，而是用更好的方式來處理好自身的形象，改善自身形象之後，對方自然就會看到，你的形象就好起來了，這才是眞正的友好的對話。而片面的僅僅講對方的好處或者怎樣，或者講自身的好處，我覺得這是沒有很大的意義的。

〔李纓〕我覺得這個電影反映的問題，就像加藤嘉一先生看到的，它的複雜性在那裡，不是說一下子就能解決的問題，有很深的根源。其實牽扯到很多問題，天皇的問題。這些問題是日本社會很多人思維的障礙，而這個問題絕不是哪一屆首相參拜不參拜就可以解決的。日本社會應該更多的有一種思考，這個問題以後怎麼找到更好的解決方式，很多人在思考這個問題，這部電影刺激起來大家的一種思維。首先我覺得，因爲日本社會從現在開始，其實是他們一直著力的一個方向，就是要作爲正常的國家，力圖在國際社會上有更大的影響力，包括在聯合國作用的問題，包括在世界事務當中如何發揮作用的問題，包括憲法是不是要修改的問題，修改和平憲法的問題。這些都是日本社會現在要面對的，又都不可避免的跟靖國神社相關，所以在做更多思考的時候，我覺得對日本社會要重新找到一種跟亞洲國家關係相處的方式，是非常重要的，我在日本覺得一直有一種憂慮或者看到一種問題，就是說，日本社會一直沒有找到自己作爲亞洲一員的很好的方式，因爲日本歷史上經歷了脫亞入歐後來又入美等等。

〔主持人〕我們中文對話的時間剩很短了。最後用一句話談一談你們希望中國和日本成爲什麼樣的鄰居？

〔加藤嘉一〕中國人、日本人都應該在觀察對方的同時，反觀自己。

〔李纓〕我覺得不是鄰居的關係，而是在全球意識上考慮所謂的鄰里關係，大家坐在同一條船上，地球是一個宇宙船，大家坐在同一條船上，不是鄰里關係，要更多思考這個問題，就是怎麼讓這條船駛得更加長久。

〔主持人〕作爲兩個平等的成員，我們應該怎麼相處，這就是中日兩個生命體的生存之道。

感謝大家參加節目，感謝網友的關注和參與。這次對話就到這裡。

〔國際在線〕第十次中日網路對話到此結束，感謝各位網友關注！

附三：「戰爭後遺症」的未來：與李纓、《南京！南京！》導演陸川對話

歷史認識問題肯定是瓶頸，否則無法達成真正的和諧。其他的動漫、貿易都是以利益關係為上的，以利益關係結成的紐帶是脆弱的。所以，歷史認識問題必須解決。

——陸川

戰爭後遺症在人們內心深處一直存在。即使有時候看不到，但是不很好清理的話，其他問題就很難解決，它會散發出對人體、對國家肌體都很不健康的因素。

——李纓

今天兩國公民認真討論的是：「如何認識當年在中日之間發生的歷史？」關鍵不在於「歷史」本身，而在於「對歷史的認識」。在民間層面，人們對歷史的認識存在分歧。

——加藤嘉一

《北京青年週刊ＢＱ》記者楊菲對兩位中國導演以及一位日本時評家進行了「同題採訪」，「對

話」刊登於二〇〇九年十二月三十一日版。

〔BQ〕請問各位對於日本人的歷史觀有何解讀？

〔李纓〕我認爲二戰後的日本一直沒有很好地處理戰爭歷史、戰爭責任的問題，而且還一直存在雙重標準、態度曖昧。

日本年輕人對歷史問題並不是很關心。日本國內的歷史教育相對匱乏，很多日本年輕人都是出國後才瞭解那段歷史，然後產生一種羞恥感，甚至陷入迷茫。

〔陸川〕我不像李纓導演長期在日本居住，但是我對日本的狀況也有一定的瞭解。日本人對於歷史存在「選擇性的記憶」，對於不想瞭解的部分，他們就會閉上眼睛，甚至是捣著鼻孔想逃避，表現得很偏執，而這也反映了他們內心的怯懦。

我認爲日本人並不是沒有自省精神，而是他們所接受到的教育的原因。拍攝《南京！南京！》之前，我見過九十多個應聘的日本演員及其助理，對於這部影片極端仇視的只有三四個人，他們態度非常不好地來質問我。我讓他們去看書、去查閱資料，瞭解歷史眞相以後，他們會來向我道歉。

〔加藤嘉一〕說日本年輕人不瞭解歷史，太以點概面了。我不是很贊同李導的說法。但是我贊成日本在戰爭問題上未能即時清理，存在雙重標準，採取模糊法，態度比較曖昧。

日本在社會、家庭與學校層面沒有很好地普及那段歷史。一方面，日本人承認我們是加害者，同時日本人也有受害者的意識。日本人在這段戰爭歷史上的曖昧，與日本的戰敗方式（廣島、長崎的原子彈爆炸）有關。

其實日本年輕人學習了很多中國古代史，尤其是漢唐歷史，而且對於諸子百家的思想我們也非常熟悉。但是，在日本的歷史教科書中，對於南京大屠殺，書上明確寫著「侵略」，只是在篇幅上很短，只有幾段，考試也不怎麼考，基本上都是自學，而且，學生很大程度上也會受到授課老師的觀點、立場的影響，教師是否親華、授課方式的不同，都會讓學生形成不同的歷史觀。這其實關乎整個社會的責任，日本應該在考試內容上也做些調整。

〔BQ〕那麼對於歷史，我們又該採取什麼樣的態度呢？

〔李纓〕我們當然是要面向未來，但是不解決歷史認識問題就很難做到。我父母那一代人都有戰爭的記憶。我父親去日本探親時，看到櫻花節期間的靖國神社內，依然洋溢著當時侵華的軍歌歡舞，當時就氣得心臟病發作。我父母也不是不願意向前看，我父親回國後，曾寫過書讚揚日本的乾淨、日本人的敬業等優點。

戰爭後遺症在人們內心深處一直存在。即使有時候看不到，但是不很好清理的話，其他問題就很難解決，它會散發出對人體、對國家肌體都很不健康的因素。

拋棄口蜜腹劍，正面的衝突和碰撞對將來的友好是好事。

〔陸川〕我也贊成。歷史認識問題肯定是瓶頸，否則無法達成眞正的和諧。其他的動漫、貿易都是以利益關係爲上的，以利益關係結成的紐帶是脆弱的。所以，歷史認識問題必須解決。要直面歷史，可以通過各種文藝形式，比如小說、電影、電視，還有舉辦研討會等，進行全方位的溝通。

〔加藤嘉一〕今天我們談的內容，嚴格意義上不是「歷史問題」，而是「歷史認識問題」。日本當年侵略了中國，給中國人民帶來了傷害，在這一點上，中日雙方在一九七二年實現邦交正常化的時候，已經達成了政治性、原則性的共識，否則中國和日本是不可能建交的。

今天兩國公民認眞討論的是：「如何認識當年在中日之間發生的歷史？」關鍵不在於「歷史」本身，而在於「對歷史的認識」。在民間層面，人們對歷史的認識存在分歧。

我當然同意兩位導演的看法，也就是戰爭後遺症必須解決，但是現在中日兩國的經濟相互依存度非常高，所以，我希望中日兩國的人民「爲了自己」，藉助各種方式，看電視、交朋友都行，去更好地瞭解對方。我始終認爲瞭解對方是個態度問題，瞭解自己是個責任問題。

我在中國的親身經歷告訴我，要盡可能與多方面的人接觸，不要總是去劃分派別，形成思維定勢，要就事論事。我們要不斷地加強交往去化解心中的芥蒂，這需要很長時間。但是，我很高興，因爲我們已經在路上了。

〔ＢＱ〕有人說松崗環的聲音是孤獨的，你們怎麼看？

〔李纓〕在日本，追究歷史眞相，研究南京問題，承認南京大屠殺的不過幾十人。論證南京大屠殺的書不少於二三十種，卻是正反論調相繼出現的。最早在日本引發關於「南京大屠殺」爭議的記者本多勝一，現在出門仍需要戴墨鏡、戴假髮。那麼你說，像松崗環這樣的聲音孤獨不孤獨？這種聲音非常微弱，但是，非常重要！

〔陸川〕我想舉這樣的例子，我在拍攝《南京！南京！》時，日本演員將近一百人，再加上他們的助理、經紀公司以及工會的人員，有幾百個日本人。所以我想說的是，支持我拍攝這部影片的不是少數，而是一批日本人。對中國親善、對歷史眞相好奇的日本人，絕不在少數。

〔加藤嘉一〕日本社會是一個多元社會，存在著多元化的聲音。我爲松崗環女士感到驕傲。我知道李導也因爲《靖國神社》還在打官司，但是目前有三十多位日本的知名律師在爲他辯護，這也讓我很欣慰。我認爲他們維護的不僅是李纓，更是日本社會的多樣性，是日本的未來。

我現在在一些媒體寫專欄，也出了三本書，並且開了部落格和網友交流。雖然我做的事情沒有幾位導演那麼轟動，但是我現在每天至少收到兩百封郵件，其中八〇%是罵我的，讓我「滾出中國！」等。我會認眞去看，這是我瞭解中國的途徑。如果是對我的觀點的批評我會虛心接受，但有的是對我的人格甚至是我的國家的批評。很多讀者會覺得我代表日本，但是本質上我只能代表我個人。當然，這些我都能理解。

〔BQ〕你們眼中的日本人是什麼樣的？你們認爲日本人身上的哪些優點是值得我們學習的？

〔李纓〕有很多令人尊重的日本人，所以不能因爲某一部分不太友好的人就全部否定日本，這太膚淺了。日本眞的是有很多令人尊敬、值得學習的東西。我在日本拍電影的時候，攝製組的每一位成員都非常敬業，都把它當作自己的電影，這讓我很感動。我有一位七十多歲的燈光師，都不需要助理。其次，日本把儒家文化吸收得非常好，奉公意識很強，集團性很強，當然，這也帶來了兩面性。日本人的生存心態上的危機意識和敬畏感也是中國缺乏的。

〔陸川〕《南京！南京！》拍攝前，有一位來自日本的慰安婦扮演者，她堅持一定要參加演出，說要爲日本曾經的罪行贖罪。拍攝《南京！南京！》期間，中午開飯時，我發現很多日本人都會非常整齊地坐成一排，喝水聊天，但是不怎麼吃飯，我問他們爲什麼，他們告訴我是因爲下午有戲，吃了飯容易犯睏。整整八個月都是這樣，這讓我很震撼。

所以，我感受到日本人非常敬業，比較守約，日本民衆基本上是溫和、善良的。日本年輕人的偏見和禁忌更少，受條條框框的約束更小。

〔加藤嘉一〕中日年輕人有很多相同點。中國的年輕人更有爆發力，日本人更平庸，但是很能吃苦，更有耐性，我們從小接受的教育就是「光而不耀」，也就是你們說的「韜光養晦」。我還想補充一點，中日都很在乎「面子」，所以表揚對方比宣揚自己更重要。

25　首相參拜靖國神社，國內就有爭議

歷史和台灣是原則而不是問題

對於日本首相參拜靖國神社，中國的網友一直表示格外的憤怒，特別不能理解，把矛頭投向我身上，小泉純一郎有罪，我跟小泉屬於一個國籍，一個民族，所以我也有罪。這是許多網友的邏輯推理。

日本首相參拜靖國神社，在日本人看來究竟意味著什麼？靖國神社首先是個內政的問題，因爲日本社會包含著許多種人，左派的、右派的、激進的、溫和的、和平的、好戰的……它是言論自由、多樣化的民主社會。五方雜處是個常態，什麼觀點和思想都有，這本身是社會進步的現象。首相參拜靖國神社在日本國內也是有爭議的，有人讚揚，有人批評，絕大多數的平民則保持沉默。

有人嚴厲地批評，首相參拜靖國神社違背了「政教分離」的法律原則。有人反駁，這個是「心」

的問題。他們主張說，無論是首相、外務大臣還是官房長官去參拜靖國神社，回到日本國民的身分本身，表示哀悼是天經地義的。有人主張政府應該建立國家來管理的「國立追悼紀念館」，首相每年參拜這個紀念館，這樣可以規避政教分離的問題，也可以迴避來自中韓的批評。

我只是希望中國人能夠知道日本社會是有爭議的，不是所有日本人都跟小泉純一郎前首相保持同樣的立場，更不是挑釁中國人的神經。不過，在我看來，中國政府及人民也有資格和理由「監督」日本首相是否參拜靖國神社的相關動態。因爲，「靖國問題」已經超越了簡單的內政範疇，它也是名副其實的「外交問題」。既是內政，也是外交，局面就變得空前複雜，這是靖國問題的本質。

一九七二年，「台灣」和「歷史」是中日實現兩國邦交正常化上的原則性基礎。如果不把這兩個問題處理好，兩國領導是不可能簽字，實現邦交的。日本政府不承認「一個中國」，不對侵華戰爭表示反省，周恩來怎麼向中國人民交代？不可能的。

我始終把歷史和台灣看作「原則」，而不是「問題」。這兩者絕對不能混爲一談，必須分開對待、處理。假如中國人和日本人把台灣和歷史當成一個問題，兩國基本沒戲了。兩國人民要彼此思考到底什麼是問題？我作爲有一定外交經驗的觀察者，不能贊同關於「台灣」或「歷史」是中日之間最大外交問題的說法。因爲外交是爲求同存異、解決矛盾而進行的交涉過程，而「台灣」和「歷史」是深深根植於兩國邦交正常化原則之上的宏觀矛盾，在近期幾乎不存在由外交手段徹底解決的可能性，兩國沒辦法也不應當採取過於積極的態度加以處理。眞正重要的，也必須加以愼重對待的問題，乃是導致兩國國民之間的互不信任、互不親近的民間情感隔閡問題。這個問題牽涉到各種錯綜複雜的社會現象、影響到兩國關係的每一個場合，而且又特別受到外界的衝擊，因此具有高度的複雜性、長期性和脆弱性。

無論是中國人還是日本人，關鍵還是以史爲鑒，正視現狀，面向未來。從如今日益重要、密切的中日關係，世界中的中日關係來看，兩國應該盡量避免把歷史認識問題浮出水面上來，這樣只會使得兩國交流更加敏感，情緒化，無法健康推動雙邊關係。當然，作爲一個愛好和平的日本人，我認爲，日本領導人必須尊重，並照顧中國人民的傷痛和感情，這點必須成爲日本對華外交的根本基礎。我也堅決認爲，複雜的歷史細節和數字問題（比如，「南京事件」上死了多少人？）始終有爭議，各有各的主張，這點委託給歷史學家就得了，千萬不要在大衆之間吵架，去政治化，是有百害而無一利的。

不過，在我平時與日方各界人士和中方各界人士交往的過程中發現，圍繞歷史認識問題，兩者之間存在著難以彌補、磨合的誤解。比如，飽受爭議的「道歉」或「謝罪」問題。大部分的中國人主張「日本沒有道過歉」，大部分日本人卻主張「我們已經道過歉了」，這一認知上的鴻溝究竟來自哪裡？對此，兩國民衆都需要謙遜地進行反思。

日本政府道過歉，但是言行不一

首先是客觀的事實，日本政府正式、公開道過歉，至少道歉過二十一次。

其代表是所謂「村山講話」。

一九九五年八月十五日，當時非自民黨領袖村山富市發表了談話說：

「對殖民地統治和侵略所帶來的損害和痛苦進行反省和道歉。」並真誠地表示：「今天，日本成為和平富裕的國家，因此我們會常常忘記這和平之可貴與來之不易。我們應該把戰爭的殘酷告訴給年輕一代，以免重演過去的錯誤。我們要同近鄰各國人民攜起手來，進一步鞏固亞太地區乃至世界的和平。為此，重要的是同這些國家建立基於深刻理解與相互信賴的關係。日本政府將本著這種想法，開展在近代史上日本同近鄰亞洲各國的關係的研究，並擴大同該地區的交流，這兩個方面的和平友好事業。同時，關於我國現在致力於解決的戰後處理問題，進一步加強我國與這些國家之間的信賴關係。此次講話精神為其後歷屆日本政府所沿襲」。

對此，比如日本政界鷹派代表性人物、實現了對華「破冰之旅」的安倍晉三，在就任首相期間曾表示說：「（日本）對許多國家的人民造成了傷害，並留下了傷痕。（日本）在對此做坦誠反省的情況下，一直致力於創建和平和民主的國家」；「村山講話是戰後五十週年之際日本政府和首相發表的談話，我認爲這是一次具有歷史意義的談話。」

假設一個中國人說「日本政府沒有道過歉」，這句話是錯誤的，不根據「史實」的。日本政府道過歉，而且官方立場（外務省）始終沒有改變。問題不在於政府有沒有道過歉，而在於道歉後的誠意有沒有堅定不移地反映下來，或者說，體現在具體的行動上面。

到了這一步，中國政府和民眾就有話說了。問題在於某些政客的言論和行動的不一致。「言行不一」才是問題的關鍵。站在中國人的立場，一定要在這點上挑出對方的毛病，而不要盲目、情緒化地表示「你們沒有道過歉」，這句話不屬實，因此沒有說服力。

中國人一定會反駁說：「這是感情問題，日本就是傷害了中國人，所以根本沒有道過歉！」我非常理解中國友人的抗議心態，但我們還是向前看，必須合理、客觀地解決歷史問題，因此，請各位中國朋友本著事實關係指出問題的根源，這樣有利於解決問題，也可以向你們最討厭的所謂「右翼分子」施加壓力。

如果我是中國人，就以下指出問題，挑出毛病：

我知道日本政府曾道過歉，但只是在口頭上道歉沒有任何意義。何謂「官方立場」？官方立場必須一貫、連貫，道過歉為什麼還得去參拜靖國神社？發動戰爭的甲級戰犯也被埋在那裡呢，參拜那裡不是相等於美化歷史嗎？你們說每一個政治家的信念和處境不一樣，有的可以好好道歉，有的參拜靖國神社。這是你們的內政、國情，我知道。但對我們中國人來說，這些做法是說不過去、站不住腳的。因為，當時中日戰爭中受傷害的是我們，如果日本首相參拜靖國神社，或竄改歷史教科書，我們就堅決抗議下去。總之，道歉必須體現在領導人及政府具體的行動和政策上面，至於民間有什麼樣的言論，我們就不管了，日本不是有多樣性的言論自由嗎？

中國讀者看完後怎麼樣？如果有何意見，請儘管提出來，發郵件給我（kyoshikazu@gmail.com），我們好好討論，我不會逃避的，請放心。反正，我的建議是，在日本政客「言行不一」的面前，如果中國人不集中談論這一點，就沒有什麼說服力了，徹底陷入自我滿足或自我安慰的幼稚困境，對日本右翼勢力來說也是沒什麼了，這樣他們是不受壓力的，一點都不痛的，反而增加那些右翼言論人士的說話空間。

請記住，日本右翼言論家是挑毛病的天才，日本消費者本來就是很挑剔的。不管是文字還是圖片，他們隨時考察中方對當年歷史的解釋方式有哪些不合理、不準確的，並挑出毛病。當然，對於他們「以點蓋面」的做法，我是堅決反對的。「南京事件」是個歷史事實，這點絕對不能竄改。他們通常表示中方主張的三十萬人不符合史實，卻忽視屠殺本身的事實關係。「屠殺有沒有存在？」和「死了多少人？」是兩個問題，必須區別對待，前者是毫無懷疑的事實，兩國之間必須達成共識，後者是有爭論的，暫時不要政治化、大衆化，交給歷史學家處理。我認爲，這是比較理性的、冷靜的處理方式。

關於日本首相參拜靖國神社，即「言行不一」的根源，這個問題跟國內政治派系的鬥爭有很深的關聯。在這個議題上，小泉純一郎和安倍晉三是値得對比的兩個極端。

「中國人民的敵人」小泉純一郎在他競選首相之前，從來沒有參拜過靖國神社。他對中國始終表示友好的態度。爲什麼上任之後才去參拜呢？果然是有他的戰略考慮，不是因爲「反華」，也不是爲了牽動中國人的神經。小泉確實認爲，日本在過去的戰爭中給中國人民帶來了巨大的傷害。二○○一年十月八日，小泉訪問位於北京盧溝橋的抗日戰爭紀念館進行獻花，表示哀悼和歉意，成爲了戰後第一位在任期間訪問此紀念館的自民黨總裁。只是在他腦海裡，這一反省之心和參拜靖國神社是兩碼事而已（當然，這是他本人的邏輯，中國人、甚至許多日本人也不接受他這一做法）。

小泉純一郎是一個有個性的人，其「人氣」在全世界受到了好評，喜歡小泉的人絕對比討厭他的人多。他在國際會議等各種平台上，向來主張「中國的發展對日本來說是個機遇而不是挑戰」。在他看來，如何促進對華關係和參拜靖國神社是兩個概念，這是他的立場和認知，誰都不能改變。反正，他參拜靖國神社完全立足於政治鬥爭和個人信念，就是面對選舉的考慮，或他所說的，爲祖國奉獻的長輩們表示哀悼是個「心」（精神層面）的問題。

安倍晉三則是另外一個極端，他就任首相之前反覆強調「中國威脅論」，是名副其實的「鷹派」，也贊同日本首相參拜靖國神社。但他一上台，突然變調子了，不僅參拜靖國神社，還出於修復小泉期間被損害了的中日關係，進行了「破冰之旅」。他只任了一年，下台之後又變調子，又開始「硬」了，經常發表牽動中國人神經的言論，比如日本給新疆的人權活動人士熱比婭發簽證等場合，他是堅定的維護者。

後來，福田康夫、麻生太郎以及政權交替後的民主黨鳩山由紀夫、菅直人都沒有參拜靖國神社。我相信，今後的日本領導人以參拜靖國神社的方式，鞏固政界上的權力基礎的可能性，越來越小，這點請中國朋友們放心。但我們也應該從小泉、安倍那兩個相互關聯的「個案」吸取教訓，即一個政治家在平常時間怎麼想，和他就任首相之後怎麼做，是兩個截然不同的話題。因此，中國人先不要著急說：「如果那個反華政客當了首相，中日關係一定惡化」，事情並非這麼簡單，他很有可能出於首相的責任感，採取比較平穩的態度。何況，參拜靖國神社的首相必將受到來自經濟界、企業界的巨大壓力和批評，因爲，靠中國市場謀生的經濟界，是由衷渴望穩定而有活力的中日交流環境的。

我堅決認爲，日本領導人妥當處理歷史認識問題，既是對華政策的根本基礎，也是日本在國際社會，尤其在亞洲，贏得信任的核心基石。而對日本老百姓來說，歷史認識則是我們瞭解日本在國際社會當中處境的，說白了，重要的謀生管道，必須好好學習歷史，牢牢記住歷史。總之，對日本人來說，歷史認識既是態度問題，也是利益問題。

日本對歷史是有著前科的，其言行的謹慎，是必不可少的。

26 日本的神道與神社

在宗教領域，明治政府制定了許多古怪離奇的制度。然而，這與日本人的那條格言並不衝突。因爲一個國家往往把它對宗教信仰的管轄視爲民族統一與優越性的象徵，而在其他領域則給予個人更多的自由。

二戰前，日本國民的主流信仰是神道教。就如同美國人對國旗特殊的崇敬之情一樣，由於神道教與民族象徵的特殊聯繫，它在日本也受到了人們特殊的尊敬。因此，日本政府說神道教只是人們的信仰，而不是宗教。這樣，日本政府就可以像美國政府要求凡是美國人都必須對星條旗敬禮一樣，要求全體國民都信奉神道教，但他們說：這並不違反宗教信仰自由的原則。因爲「不是宗教」，日本可以在學校裡教授神道教的基本教義，而無須擔心西方國家的責難。在學校裡，國家神道教的教義就成了自信奉神以來日本國的歷史，成了對「永世的統治者」天皇的盲目崇拜。國家神道教得到了國家的支持，受國家管理。而對其他宗教信仰，不論是佛教、基督教，還是其他教派的神道或祭禮神道，日本政府都聽任日本公民的個人意願，這點幾乎是和美國一樣的。宗教上這兩種不同領域，在行政上甚至是在財政上都是分開的：國家神道教受內務部神職司的管轄，它的神職人員、祭祀活動乃至神社等一切費用開支，均由政府承擔；世俗神道教、佛教及基督教各派系均由教育部宗教司管理，經費來源主要是教徒的自願捐贈。

由於日本政府在這個問題上的官方立場，因而人們不能說神道教是個龐大的「國教會」，只可以說它是個龐大的機關。它擁有十一萬多座神社，從專門祭祀伊勢主神的神社、到祭祀太陽神的寺廟，甚至到一些地方專爲特別祭典準備的小神社，應有盡有。與全國性政府行政系統一樣，供奉的神靈也存在層級結構，從最低層的神靈到各鎮、市和府、縣的神靈，直到最高層被尊爲「閣下」的神靈府邸。與其說供奉這些神官的目的是爲了讓人們保持一種信仰，還不如說是爲了讓人們舉行儀式、進行祭祀。國家神道教的儀式和我們平常到教堂去做的禮拜不一樣。因爲它不是宗教，法律上禁止國家神道教的神職人員宣講教義，因而也就不可能有西方人所瞭解的那種禮拜儀式。相反，在衆多的祭祀日子裡，各個鎮、村的正式代表都來參拜神社。他們都站在神官面前，然後神官就舉起一根紮著麻繩和紙條的竿子，在他們頭上來回舞動，爲他們潔身祛邪。隨後，神官就打開神廟弄堂的內門，扯開嗓子大聲召喚衆神來享用供品。神官不停地禱告，參拜者們則按身分輩分排列，畢恭畢敬地一一獻上被視爲神聖物的小樹枝，樹枝上還吊著幾根細長的紙條。然後，神官再次尖聲大叫地送走衆神，再關上神廟弄堂的大門。在神道教特別的大祭日裡，天皇會親自爲國民致祭，政府各部門也休假一天。和地方神社的祭祀與佛教的祭祀日不一樣，國家神道教的假日不是老百姓祭祀的節日。前兩者都屬於國家可以「放任自由」的領域，而國家神道教卻是政府必須牢牢控制的範疇。

在那些比較自由的領域，日本人按照自己的想法進行了各種祭祀活動。目前在日本，佛教仍擁有最多的信徒，其中各個教派的教義和先知還有所不同，宗教活動甚是活躍。即便是神道教，在國家神道教之外，也存在不少教派。有些神道教教派極端推崇民族主義，早在二十世紀三〇年代，日本政府還沒有採取民族主義政策的時候，他們就大肆宣揚民族主義的思想了。另有一些教派把自己比作「基督教科學」，主要側重於修身養性。還有一些派別信奉儒家思想和教義。甚至有一些教派只專門從事神靈顯聖和參拜聖山神社活動。老百姓的祭祀節日多數都不是國家神道教的節日。在這種祭祀日子裡，老百姓都蜂擁而至地跑到神廟。每個人都漱口祛邪，然後打鈴、擊掌召喚神靈的降臨。接著，他們恭恭敬敬地一個個依次行禮，禮畢後再次打鈴、擊掌送回衆神。然後，離開神殿前，他們再進行這一天最主要的活動：就是在小攤販上購買各種珍品玩物，看相撲、驅魔術以及有小丑插科打諢的舞蹈。

除了極少數獻身於宗教的專職神職人員以外，宗教對大多數日本人來說，都不是特別枯燥無味的事。日本人甚至有祭祀朝拜的嗜好，在休閒娛樂的節假日更是如此。

一九四六年十一月三日公布、半年後開始實施的「戰後憲法」，是日本戰敗投降後，在美國佔領當局的指導下起草、制定的。其中的「政教分離」原則，就是吸取軍國主義勢力利用國家神道控制民衆和推行對外侵略政策的歷史教訓、以根本大法的形式切斷政教聯繫的結果。

作爲其前期準備，佔領當局於一九四五年十月和十二月，接連向日本政府發出了關於解除對信教自由的限制、廢除政府對國家神道及神社神道的特殊保護的「神道指令」。從此，神社就與政府相分離，國家神道時代宣告結束。毋庸贅言，曾作爲侵略戰爭精神動員設施的靖國神社，首當其衝地成爲「政教分離」的對象，從國家神道的特殊地位跌落爲普通宗教法人。

神社神道是日本神道的主體。所謂「神社神道」，是指以神社為中心的神道。換言之，是指沒有宗教理論或宗教教派基礎的、以族緣或地緣為基礎、以神社為中心的崇敬祖先神、氏神、地域神的信仰。日本幾乎每個人口聚集地都至少有一個神社。至今全國仍有八萬兩千餘座神社。這些神社有的祭祀祖先（氏神），有的祭祀地域神，有的祭祀專門保佑人們某一方面利益的神祇，如農業豐收的稻荷神、保佑身體健康、生子繁衍後代的神等。日本自古有「八百萬神」的說法。

每個神社都祭祀著其中的一個或兩個神。所謂天照大神即天皇的祖神，只是這八百萬神中的一個，因而祭祀天照大神的伊勢神宮也是神社神道的一個神社。由於日本人有參拜神社、特別是出生、出嫁後和過年時參拜神社的習俗，因而幾乎每個人都被視作某一神社的「氏子」。這就是本節開頭所述文化廳統計中神道信徒幾乎與人口總數相等的原因。在這個意義上，掌握了神社神道，就等於掌握了全體國民。因此，戰前，日本軍國主義當局以神社神道為主體，建立了旨在對國民進行思想統治的「國家神道」。二戰結束以後，佔領日本的盟軍總部為了防止軍國主義復活，於一九四五年十二月向日本政府下達「神道指令」，廢止國家神道，實行政教分離。有鑒於此，大日本神祇會、皇典研究所等神社神道團體於一九四六年二月十四日，共同設立了非國營的宗教法人——神社本廳。它以奉天皇祖神天照大神為主神的伊勢神宮為本宗，以「尊奉神祇恩德，謀求神社興隆，宣揚神道，作興道義」為宗旨，在全國各個都道府縣都設有支部——神社廳。至二〇〇〇年二月底，它已經管轄分布於全國各地的近八萬零一百家神社或團體，擁有神職人員兩萬七千五百人，約佔全國神社總數的九八%。它的法人代表叫「統理」，決策機構是由神職人員和「氏子」（即信徒）中選出來的代表組成的「評議員會」，執行機構為理事會。

27 天皇金婚之際的感言

昭和五十九年（一九八四年）四月十日，東京的櫻花還開著。那一天，當今的日本天皇、皇后兩陛下度過了成婚二十五年的銀婚紀念。那時的日本正處於繁華的盛世之中，這個國家走出了陰影，克服了兩次石油危機帶來的衝擊，確立了世界經濟大國的地位，正享受著幾千年來最繁榮、最平和的日子。

走過了二十五年，二〇〇九年四月十日，兩陛下迎來了成婚五十年的金婚紀念日，而日本國的年號，也已經到了「平成二十年」。在平成年間，天皇和國民共同經歷了風雨和曲折，見證了歷史：泡沫經濟崩潰、「失去的十年」、柏林圍牆倒塌、波斯灣戰爭、蘇聯解體、天安門事件、五五年體制終結、天皇訪華、阪神大地震、台灣海峽危機、教科書問題、朝（北韓）核危機、九一一恐怖事件、伊拉克戰爭、靖國神社問題、反日遊行、扭曲國會、北京奧運會、金融危機。

這麼多事情發生，日子確實不平淡。兩陛下則始終關心國家的發展，關懷國民的身心，牽掛民族的未來。正因如此，今天成為全民一起祝願天皇、皇后兩陛下身體健康、白頭偕老、萬事如意的日子。

也許是巧合，我出生於昭和五十九年四月（一九八四年），即將走過二十五年。此時此刻，我由衷感到榮幸。現在日本正處於其歷史上的什麼階段？前輩有說「日本正處於很長的過渡期」的，有說「正面臨第三改革期」的，而更多的國民則處於不甚清楚的認知裡。不過，無論如何，日本國民都將攜手，在天皇的「君臨」之下，走過下一個二十五年。

在這一具有象徵意義的日子，我下決心，人生中第一次對「天皇與天皇制」這一話題，談一談想法。我想，主要有三點：

一

日本走到今天的過程，不能完全說是和平的，更不能徹底說是勝利的。上世紀三〇年代，經過甲午戰爭、日俄戰爭的勝利，越來越強大、越來越變得自負的日本，開始弘揚「大東亞共榮圈」的「大目標」。被軍國主義籠罩的國內社會陷入失控，侵略他國，走進戰爭。「戰爭六十年」的二〇〇五年，日本《讀賣新聞》建立「戰爭責任檢證委員會」，站在後代的立場，邀請著名的政治家、媒體人、學者等人士，從軍隊、社會運動、對外政策、石油能源、經濟、恐怖主義、媒體、大日本帝國憲法等多種角度，「檢證」戰爭的責任問題。「委員會」委員、著名昭和史專家保阪正康（Hosaka Masayasu）在二〇〇五年（平成十七年）十一月十一日，在東京某家飯店舉行的「戰後六十年昭和史的再檢證，反思戰爭責任」研討會的基調講演《那場戰爭到底問什麼？》中表示：「我們的國家在昭和前期經歷那樣的戰爭，相信今後再也不會發生。但我們必須一代接一代地檢證那場戰爭，吸取教訓。這一工作還會繼續百年、兩百年。在這個意義上，今天我們有必要認眞梳理那場戰爭折射的我們的文化、戰爭觀、政治觀以及國際意識等」。

日本人的二戰觀是有兩面性的，既是加害者，又是受害者。日本侵略了亞洲國家，給當地人帶來了痛苦和災難，但日本隨後也遭到美國的打擊，甚至遭到了人類史上唯一一次的原子彈轟擊。然而，不管學界針對「戰爭責任」研究出的結果如何，日本國民是把戰爭責任歸於政府、軍部甚至自己的，寧可「大家一起」承擔責任，也不能接受由天皇承擔這種責任。關於對外侵略過程中的罪孽，還是遭到美軍打擊的痛苦，日本人自己已經說了六十多年，還將繼續說下去，但始終不會追究到天皇身上。這是日本的國民性。

戰後，美國佔領日本國內，改造社會，實現了民主化和非軍事化。但是，在考慮到日本的國民性以後，美國保留了日本的「天皇制」，沒有進一步「追究」天皇的戰爭責任。雖然經過二戰，雖然日本已經被從法西斯國家改造爲自由民主的新國家，但國體未變，仍然貫徹已經有兩千年以上歷史的「天皇制」。許多日本人都認爲，在戰後的那一段時間，經濟和社會已經崩潰的日本，正是由於天皇還在，而沒有喪失希望。問題是，不管當年的美國當局或領袖抱有哪些戰略考慮，其戰後對日制度的安排與日本戰後的發展動態密不可分。假如當時美國沒有保留天皇制，即除了「政體」之外，也對「國體」進行改造的話，日本戰後的復興進程很有可能變成另外一種面孔。對我們後代來說，這將是永遠抹不掉的痕跡，也是永遠忘不掉的記憶。

二

「天皇」的原意是；「自從古代以世襲繼承下來的日本的君主」。日本的第一部憲法《大日本帝國憲法》規定，「大日本帝國，由萬世一系之天皇統治之」。然而，一九四六年十一月三日公布的《日本國憲法》卻改變了這一點。根據新憲法第一條，天皇是「日本國的象徵，日本國民統合的象徵」。關鍵詞顯然是「象徵」，天皇就是日本的象徵。根據《日本國憲法》，主權在民，天皇的地位必須基於國民的「綜意」；天皇的行爲只限於「國事」，爲了行使國事，必須取得內閣的建議和承認；天皇不擁有實質性的決定權以及牽涉到國政的權利（政治權利）。總而言之，作爲「國體」，日本戰後一貫奉行的無非是「象徵天皇制」。天皇「君臨卻不統治」。

《憲法》給予的描述充滿現實意義。如今，日本天皇基本上不參與政治上的議事日程，對與國民實際生活息息相關的民生問題，也不發表任何看法和立場。從此，首先可以得出的結論是，對日本普通老百姓來講，天皇是「象徵中的象徵」，除非有什麼特別的國事、活動以及由此引起的媒體報導，一般是看不到、摸不著的。天皇在老百姓眼裡，是再遙遠不過的存在。

不過，有人說，日本戰後的天皇制是「大衆天皇制」，即天皇不是「神」，而是「人」。平成天皇的妻子——皇后在歷史上首次從「民間」進入「皇室」，開創了新的時代。在二十年前，兩陛下即位時宣言稱；「我們發誓，將與大家一起維護《日本國憲法》，本著憲法精神，做好任務責任」。兩陛下隨後始終獲得廣泛國民的支持和喜愛，盡量出現在公衆面前，以親民的角色與國民進行心連心的交流。此外，兩陛下始終也以具體行動表示對和平的渴望。比如，「戰後五十年祭」的一九九五年，陛下訪問廣島、長崎和沖繩，對於因戰爭而死亡的同胞，表示哀悼；「戰後六十年祭」的二〇〇五年，陛下訪問塞班島，深深地鞠躬，對於戰前所犯的錯誤表示深刻反省。二戰結束後，作爲日本國的象徵，兩陛下始終扮演「親民」和「和平」的角色。天皇的存在，使得日本國民的生活更加美好、純然。

三

據我理解，天皇在戰後日本社會上既是與公衆無緣的象徵性存在，又是與公衆有親切交往的大衆性存在。象徵與大衆似乎是兩個極端。天皇究竟意味著什麼？這也許是永恆的探究。

最後，我想指出始終難以擺脫的兩個問題意識。

首先，「討論天皇」對當今日本人來說是否是一種忌諱（taboo）？衆所周知，今天日本社會享受所謂「言論自由」，超商業化的各媒體進行報導形成這樣那樣的輿論，遭到媒體批評最嚴重的無疑是「國家領導」——首相（內閣總理大臣）。但媒體記者卻基本上「不碰天皇」，只是形式上討論天皇身邊的動態而已，《日本國憲法》對於媒體的天皇報導也沒有做出任何規定或限制。由此可見，在日本人眼裡，天皇是「不可觸犯」的存在嗎？

其次，天皇對日本國民來說是「精神領袖」。這一點是毋庸置疑的。包括我本人，大家都認爲，天皇正在維護著我們，關懷著我們，並對這一現實，感到安心和欣慰。但除此之外，假如日本國內外發生什麼跨時代的危機或者動盪的時候，天皇究竟扮演什麼樣的角色？假如日本和中國之間的關係嚴重惡化，或者陷入前所未有的危機，在政府當局無法擺脫危機、打破局面的形勢下，天皇該不該出面，主動解決問題的根源？

一九九二年十月二十三日，日本天皇兩陛下應江澤民主席的邀請，對中國進行了「中日兩千年的交往上前所未有」的國事訪問。二〇〇七年四月，正在對日進行訪問的中國溫家寶總理，也邀請兩陛下出席北京奧運會。對此，有的日本媒體曾經批評說「這是對天皇的政治利用」。

正因爲今天日本的國體是「象徵天皇制」，它又是本著對戰前的反省與總結，討論天皇也好，請天皇出面也好，才會變得如此地敏感而微妙。不過，在我看來，天皇是最終能夠挽救國民的依靠之處，其存在本身永遠銘刻在我們的心中。

28　靖國神社供奉的是「愛國賊」？

靖國神社和「愛國主義」

靖國神社建於一八六九年八月六日（明治二年六月二十九日），原稱「東京招魂社」，以紀念在明治維新時期，日本內戰戊辰戰爭中爲恢復明治天皇權力而犧牲的軍人。一八七九年（明治十二年），東京招魂社改名爲靖國神社；「靖國」來自《左傳・僖二十三年》「吾以靖國也」，意爲使國家安定。靖國神社在明治維新後是供奉爲日本戰死的軍人，包括甲午戰爭（一八九四至隔年）、日俄戰爭（一九〇四至隔年）、和第二次世界大戰。因此，日本全國神社都由內務省管理，唯獨靖國神社是由軍方管理。現時存放著接近兩百五十萬名爲日本戰死者的靈位，其中有兩百一十萬死於二戰，包括十四名二戰甲級戰犯和約兩千名乙、丙級戰犯的牌位。日本在一九四五年八月十五日戰敗後，因爲日本的戰後和平憲法第九條說明要分開政府和宗教，靖國神社選擇了變成一個非政府旗下的宗教機構。

這樣的靖國神社裡，供奉的絕大多數都是殺人犯，絕大多數都是軍人。在外國人看來，參拜靖國神社會對國民造成潛意識裡很不好的東西：爲國家殺人就是對的，就變成對於愛國賊的肯定。

但是在日本神道裡面，無論生前做了好事還是壞事，人一旦死了，都變成平等的英靈，這是日本神道最基本的教義。

靖國神社和日本的愛國主義、愛國氛圍，甚至大量「愛國賊」的出現，是密不可分的。談愛國和國家似乎是很忌諱的，很少談國家，日本的「國家主義」和中文的意思有所不同，在日本，「國家主義」是貶義的，因爲國家主義讓國民聯想起二戰前的煽動輿論、陷入失控、發動戰爭。如果國家萬歲，那麼人民的權利呢？這個時候我們老百姓是沒有辦法發出聲音的。如果國家第一，那我們老百姓呢？雖然國家和人民沒有必要二元化看待，但是在日本，有很多人很忌諱「國家」，盡量避免去談，而去談人權。這是二戰的教訓，很多人依然認爲老百姓的利益被政府拿走了，政府騙了人民，所以不談國家主義，很多所謂的知識分子也是很警惕愛國或國家主義。

至於民族主義，由於日本民族比較單一，國家和民族互換，問題不大。而中國五十六個民族，國家和民族就不好互換，一互換，五十六個民族都說你到底講哪個民族。

在中國，更多講的是民族團結，更多是爲了國內的穩定或統治，日本沒有必要談民族，基本上是單一性的國家。爲什麼要談民族主義，談民族主義意味著你的愛國，自然就會變成排他性的了，日本的領導人沒有必要爲國家的穩定而利用愛國主義和民族主義。可想而知，有時政治家也會爲了鞏固權利基礎而煽動民族主義。

神道頂多是一個信仰，它絕對不是宗教，因爲靖國神社地位特殊。無數個神社，到處都有。爲什麼叫靖國神社？因爲它供奉的是軍人，這個名字也符合它的定位。

靖國神社不是紀念碑

對於英雄的紀念，世界各國都有。比方說美國也有墓地和紀念碑，中國也有人民英雄紀念碑，毛主席寫的碑文，也只是說「上述多少年爲中國捐軀的人們」，但是沒有變成一個信仰，是開放的。不管歐洲國家領導人還是美國領導人，在某些特殊的時候，比如說二戰紀念日，他也會到墓地，到紀念碑那去做一個儀式，但是沒有像靖國神社一樣，把所有這些人，一個一個這麼具體的人，當作紀念對象：你都可以查到名字，出生年月日，具體的人，總數多少。其他國家沒有把它作爲同時兼備具體和神聖化兩要素的東西，比如說有很多國家做無名英雄碑，特意找到沒有名字的英雄，埋在那，就是爲了避免具體，這一點日本的靖國神社和其他國家的紀念方式有很大的差別。

日本人對神的認同，和西方人對上帝的認同，其功能是差不多的。這些功能恰恰在中國很缺乏。上帝面前人人平等，我們是上帝的孩子，所以我們要爲這個社會付出一切，要學會犧牲的精神。當然日本普通老百姓根本不思考什麼是神道的，就像中國的叔叔阿姨去寺廟、去道觀一樣，神社只不過是大家來放鬆、聊天的地方。日本的神社與中國的寺廟一樣，無處不在，對老百姓來說，是輕鬆、舒適、愉快的場所。在過年時拜年一下，祝福身體健康、全家幸福。日本人在面臨著人生重大抉擇，比如高考、結婚、生孩子、退休等時候，也去神社，祈禱一下能夠萬事如意，僅此而已。對於普通百姓來說，那些靖國神社問題、中日外交糾紛等實在太遙遠了，不可能因神社想起中日關係、歷史問題、戰爭痕跡。

實際上，神道教對日本的影響非常深刻。比如說基督教和中國的佛教，講人人平等，是講活著的人人平等，死了以後要麼上天堂，要麼下地獄，十八層地獄還分等，罪行比較少，下地獄可能不會怎麼樣，甚至可能超脫到天堂。這些宗教的教義中，說的都是活著的時候平等，死了以後就不平等了，開始審判。

而日本在神道教的影響下，在生前講究森嚴的等級秩序，而死了以後都平等，那你活著的時候做了什麼事情，就不在乎了。神道教的這點和其他宗教有著較大的區別。

29 中國讓靖國神社成爲焦點？

如果麥克阿瑟把靖國神社拆了

一九四五年，聯合國佔領軍總司令部曾準備廢除靖國神社，爲此，靖國神社舉行「臨時大招魂祭奠」，把許多未死的人也來祭祀。後改爲宗教法人才得以倖存。如果當時眞拆了，日本會崩潰。天皇至少是個國民在精神上的依賴之處，假如日本不得不在失去天皇的前提下，進行戰後的國家建設，那是另外一回事了，能否同樣實現「騰飛」，我是很懷疑的。

天皇在戰前和戰後的地位和作用是不一樣的。戰後的天皇頂多是一個象徵，不跟政治、行政等掛鉤。當然，媒體經常跟蹤天皇、皇太子去什麼地方參觀散步，跟哪些學校、養老院的孩子、老人進行了交流等，媒體都會跟蹤，但一般不會評論，更不會批評。即使他是象徵性的，天皇的存在本身和日本人的愛國精神是密不可分的。

今天很多日本人還是把天皇當成神。我們死了之後都變成「神」，神道對日本國民來說頂多是「民族信仰」，是等於中國人說的「老天」，老天在保佑我們，上帝保佑我們，所以我相信神和天皇在某種意義上，和中國人說的老天有類似之處。

在這麼多的神社裡面，為什麼靖國神社脫穎而出了？因為日本多少年以來，為國家失去生命的人埋在那個地方。而其中最多的，就是二戰。靖國神社裡面供奉著包括十四名甲級戰犯，而這十四人正是發動二戰的、使得國家陷入生存危機的核心人員。這也是靖國神社問題在中日之間變得這麼複雜的重大原因。如果只是普通人被埋在那裡，中國人也不會說什麼，十四個被判為甲級戰犯的英靈也在那個地方，領導人去那裡就是肯定了那段歷史，中方給出的邏輯如此。

參拜靖國神社違背憲法

日本也曾經考慮過把靖國神社裡面的甲級戰犯牌位移走，另建一個國家追悼設施，專門擺放他們。到目前為止，依然在爭論中，尤其在小泉純一郎就任期間，今天似乎淡化了一些。

日本憲法規定「政教分離」，靖國神社已經變成宗教法人了，不是國家來管理的，戰前剛開始是作為一個國家管理的單位建立的，後來不是國家的了，國家不能干涉了。在這個意義上，日本首相參拜靖國神社就是違背了憲法，作為國家元首去了，本身就帶有「政教合一」的意味了。

平時根本不想也不談愛國的普通老百姓，為什麼變成極端的「愛國主義者」，尤其是對中國的關係上？這也是一個很值得思索的問題。日本人本來把位於東京中心地區的靖國神社當作眾多的神社之一而已，也不怎麼關注。中國崛起了，許多日本人也開始焦慮、難受了，而媒體又煽動

「中國威脅論」，指出中國社會上種種的黑暗面。其實，關於靖國神社問題，很多日本人本來因為其他原因，如提倡政教分離，反對首相參拜靖國神社。但「中國」在媒體報導上大量出現之後，老百姓似乎轉換了思維方式，尤其在小泉期間，如果首相不去參拜，就讓很多日本人無法接受。他們認為，不參拜等於屈服於中國。

在中國和日本在東亞地區的實力前所未有地接近的情況下，我在兩國看到的是數不清的「愛國賊」。他們看到部分媒體報導之後，拿出對方的錯誤或缺陷去宣揚自己如何優秀、美好，並沉湎於「我是愛國者」的感覺。「愛國無罪」是愛國賊們的生存方式。在日本，雖然沒有「愛國無罪」這個詞，但有些人認為只要是對中國的批評，說什麼、做什麼都行，可以肆無忌憚。

今天，「靖國問題」在公共輿論上被討論得比小泉純一郎就任期間少多了，畢竟，隨後的幾任首相都沒有參拜靖國神社，至於民主黨的領導，在上台之前就已經表明不去參拜，對於媒體來說，「靖國」兩個字似乎不是什麼新聞點了。讓我有點悲哀的一點是，靖國神社是日本的神社，如果它的存在或定位出現什麼問題，應該由政治家和官員向全體社會提出來，動員老百姓的智慧一起討論怎麼解決。但現實並非如此，正是中國把靖國問題變成了焦點。日本在解決靖國問題的議題上，似乎沒有掌握主導權，始終處於被動。現在，首相考慮到對華關係，不參拜了，中國自然沒有理由批評了，媒體也覺得沒意思，不報導了，靖國神社本來面臨的本質性問題就這樣被擱置了。這是今天靖國問題的現實，令人沉思。

30 恥感文化與嫌日情緒

罪感文化和恥感文化

考察戰後美國對日本的很多政策，就不得不提到一本書：本尼迪克特的《菊與刀》。一九四四年，太平洋戰爭漸入尾聲，日本敗局已定。此時哥倫比亞大學的教授、著名人類學家魯尼・本尼迪克特接到了一項特殊的研究課題：白宮的決策者們想知道日本會不會投降？戰後是否需要保留天皇的體制？在隨後的一段時間裡，本尼迪克特運用文化人類學的方法對日本民族的精神、性格、社會特徵進行了深入研究，並剖析了以上因素對日本政治、歷史、軍事等方面的重要影響，做出了與後來局勢發展極爲符合的預判。一九四六年，本尼迪克特的報告經整理後以《菊與刀》爲名出版，一時轟動世界。

本尼迪克特區分了兩種文化：罪感文化和恥感文化，而把日本文化歸爲恥感文化。

提倡建立道德的絕對標準並且依靠其發展人的良心的社會，可以定義爲「罪感文化」。例如美國人，在犯了些許過錯之後，最重要的感受是內疚而不是羞恥感。在以恥爲主要強制力的文化中，人們會對那些在我們看來應該是犯罪的行爲感到懊悔。這種懊悔可能非常強烈，但卻不能像罪惡感那樣可以通過懺悔、贖罪而得到解脫。懺悔可以解脫罪惡感，但在以恥爲主要強制力的世界，即使當衆認錯，甚至向神父懺悔，犯錯的人也不會感到解脫。相反，他會覺得只要惡行沒有公之於世就不必懊喪，因爲懺悔只能是自尋煩惱。因此，在恥感文化中沒有懺悔的說法，甚至對上帝的懺悔也沒有。他們有祈福儀式，卻沒有贖罪儀式。

羞恥是對別人批評的反應，而罪感文化藉助於罪惡感在內心的反映。一個人感到羞恥，是因爲他被當衆嘲笑或遭到拒絕，或者他自己感覺被嘲弄了。無論哪一種，羞恥感都是一種有效的強制力量。但這要求有外人在場，至少要當事人感覺到有外人在場。

中日韓爲何無法互相正視

恥感文化往往呈現一種「圈層」特徵。羞恥感源於他人的批評或者與他人的比較，而這種比較和批評只有在某個圈層中才是有效的。例如同班同學中出現一個學習成績很好的人，那麼自己就會感到羞恥，因爲一個班的同學是同一個圈層。如果通過媒體知道遙遠的某個地方出現了一個神童，那麼就不會產生羞恥感，因爲不在同一個圈層。而如果同班的這個神童遠勝同儕，不斷獲得國家級獎勵，那麼羞恥感也會消失，因爲他已經不屬於這個圈層。再進一步，如果多年以後，這個神童成了社會名流，那麼他的同學們將很樂意提起自己當年曾是這位名流的同學。

同樣的，中國文化和日本文化，包括韓國文化，都可以歸爲恥感文化，就國家人格而言，其行爲也有「圈層」特徵。中日韓三國，自近代以來，往往自認是同一圈層，因而，任何一個國家表現得比較出色，都會讓另外兩國產生羞恥感。

所以日本或韓國對中國的任何指責，都會挑動民衆的神經，而如果是歐美指責中國，則不會如此敏感。因爲在潛意識中，中國把歐美當作高一層的圈層，而把日韓當作同一圈層的國家。其他兩個國家也同樣如此。中日韓都是不肯說「向韓國人學習」、「向日本人學習」、「向中國人學習」的，相反，喊出「向美國人學習」、「向歐洲人學習」的口號似乎毫不費力。

正是出於一種恥感，中日韓三國的民衆都不大願意正視對方的優點，而往往帶著一種骨子裡的輕視；同時，開始刻意美化高一圈層的歐美國家。

中日情感困局：自卑與自大

中日兩國和兩個民族在審視對方的時候，自覺不自覺地都很容易受到一種「自卑和自大」混合情結的影響。

比如說有人常常把「小日本」一詞掛在口頭，以顯示潛意識中對日本的輕蔑，但對日本電器卻有超乎尋常的信任和偏愛；有人常常覺得日本文化是中華文化下的附屬文化產品，卻對日本成功的現代化羨慕無比。在海外的華人尤其能常常體會到這種複雜感情的交替，一方面覺得日本是「小」日本，個子矮小，身材短小，在西方傳播的是所謂日本文化源自於中國（如盆栽、茶道）；

另外一方面看到的卻是西方社會對日本人的尊敬，日本海外遊客的超強購買力和文明有禮，日本僑民在不同國家中的遵紀守法和秩序井然。

日本人對中國的自大和輕蔑意識，主要產生於十九世紀末期中國急遽衰落的時期和甲午中日戰爭之後。日本軍國主義曾刻意宣傳一種論調：中國是個腐敗、沒落和沒有前途的國家，中國的民族也是一個自甘墮落的次等民族，敗壞了老祖宗遺留的豐厚家產。日本軍國主義者還開始從這個時期使用「支那」或「支那人」一詞，來故意貶低中國和中國人。這種輕視或蔑視中國的情結，今天依然很強烈地存在於日本的右翼之中，而較少提到的是日本對中國的「自卑」情結。

右翼是自卑情結的外顯？

其實，正如個體心理學一樣，民族集體心理學也有許多類似於個人的特點：那就是過分的自大往往來源於過分的自卑。譬如說，為什麼日本右翼要刻意宣揚和維持一種「大和民族是優秀民族，中國人是落後民族」，而不是去宣揚日本人比韓國人、馬來人、寮國人、緬甸人、泰國人或是尼泊爾人優秀，根源在於這種論調中暗含著比較和較勁的意思，也就是說，日本人要跟中國比，把中國看成是競爭對手。為什麼日本人偏偏要挑中國為競爭對手？因為中國是歷史上多年間東亞主導的強權，無論是經濟上、政治上，或是文化上，中國在某種意義上維持著領導地位。日本從隋唐以來的民族精神和民族驅動力，就在於盡一切可能性學習先進的中國，然後伺機而動，在中國衰落的時候，乘機攻入亞洲大陸，取中國而代之。在古代，中國廣闊的幅員、眾多的居民、富饒的資源和其整體國力，是扶桑島國的居民難以超越的，發誓與中國一較高下的古代日本居民，在面對大陸中國時，極容易產生一種島國的自卑感和壓力，因爲難以超越中國，難以超越中國璀璨發達的文化和悠久的歷史文明，因而更難實現日本遠古以來企圖進攻並佔領亞洲大陸的野心。

今天的日本民族在集體民族意識中，也積澱了一種對中國強烈的自卑情結，因爲無論日本如何發達，但日本文化中無時無刻不體現著中國文化的印記，包括藝術、書法、盆栽、禪宗和繪畫等，都滲透著中國文化和宗教的深刻影響。甚至連日本文字都無法完全通過平假名和片假名來表達意思，必須藉助至少兩千多個漢字，日本人才能正確地溝通交流，而日本人在表示人名和地名時，幾乎必須完全藉助漢字。在文化和文字上，日本人根本無法做到去中國化，中國文化已成了日本文化中不可缺少的重要部分。這對於某些自恃甚高、時時刻刻要與中國人一較高下的日本人來說，構成了一種深刻的、無法驅除的自卑感。

可以說，中國人面對日本人的自卑情結，源於中國現實中相對的經濟落後，隨著中國的崛起，中國人比較容易自然地調整自己的心態，樹立對日本更加客觀的認識；相反，日本人對中國的自卑情結是結構性的、根本性的，其根源在於日本文化對中國文化的某些依賴性。

31 愛國主義與文化主義

「胸懷天下」的愛國主義

中國人更重血緣和民族，強調中華民族重於強調國家政權。中國人是文化主義，不講國家主義。我不管你是什麼人，哪怕你是野蠻人也好，只要你接受我們的文化，就可以在一起，以平等的方式來相處，這樣一種文化，是歷史的進步。

這個進步體現在把春秋戰國的國與國之間的關係，以一種「天下」的觀念，處理成國內關係。現在講屈原是愛國主義的源頭，你看屈原在什麼時候被稱為愛國主義源頭，就是在南宋的時候，南宋和北方打來打去的時候，第一次說屈原是忠君愛國，後來又把他淡化了，一直到郭沫若才把他再提出來，這是文化主義。

中國現在需要提倡愛國主義很重要的原因就在這裡。另外一個角度，西方文明進入東方，尤其進入中國以後，它把整個世界變成了一個戰國，中國兩千多年前已經完成的事情，現在再來一遍，中國爲了避免戰國的競爭，搞出文化主義，我們不要再爭來爭去，中國的傳統延續了兩千多年，不要一個國家一個國家爭來爭去。現在等於西方文明把這個世界重新變成戰國，對於西方國家肯定沒有這個意識，中國現在又回到了戰國時代了。

中國古代有「天下」的稱謂，也有「邦」、「國」、「國家」的稱謂。「國家」和「天下」的概念交叉較多，但是「天下」的概念相對具有更多的社會意義和公共性。這是古代愛國仁人志士樂道「天下」、常將自己的使命感與「天下」連結的原因。至於「國家」，其具體政治情境決定它只是愛國主義的內涵之一。

春秋時期的先哲們考慮的「善治」是以「天下」爲本位的。《老子》五千言中，「天下」涉及二十九章，共出現五十五次，「國家」僅出現兩次。孔子、墨子、莊子、孟子等都是以「天下」爲己任的思想家，他們的政治視野是以全天下大局爲範圍的。

「天下」概念相對具有超越君國朝廷和宗法集團狹隘利益的特點。這就確立了「民爲邦本」的高度，在先秦諸子百家中，「天下」佔有最高的位置。在古代歷史上，眞正的愛國精神首先就是定位在以天下爲己任之上的，顧炎武就說，亡國不過是改朝換代，而亡天下才是祖國的災難。可見，愛「天下」是愛國的根本內涵，這是我們認識古代愛國主義的出發點。

「文化中國」的信念

「中國」不止是一個地理概念，而且還是一個文化實體。中國古人的愛國，表現在將文化的統合和認同視爲善治的根本，所謂王道實現的極致。

與世界上其他古老文明系統相比，中華文明最爲顯著的特點就是數千年綿延不絕，以至於今天，世界上仍有很多人希望從中國文化中找到怎樣使自己的文化更加長久的智慧。西周產生的周禮是中國底層文明，塑造了中華文明的原型。周禮文化更大的意義是其文明的象徵性和定向意義。過去，崇尚周禮的儒家常被譏評爲「保守」，這在某些方面和一定意義上是事實，但是，這個評價並不全面。儒者作爲中國文化教育的主要承擔者，歷來注重「文史」、「文野」、「文質」之分，尊重歷史經驗、文明成果，保護文化傳統。

從實質上看，儒家講的「古」，主要指堯、舜、禹、湯、文、武之治，它並非是古代的眞實社會狀態——毋寧說它是一種道德、理想、信念凝聚的價値實體。這種捍衛文明定向和文化統一的立場不能否定。圍繞《易經》，還產生了中國古代不竭的思想創新，其精神之一就是在創造文化原理上，堅持天文與人文結合和統一的模式，所謂「觀乎天文，以察時變；觀乎人文，以化成天下」，這個文化創制的總原則和《易經》的思維模式相互支持，使得「文化中國」既能形成獨得天人之際的宏觀的自然架構，又能不斷消融、吸收外來文化精華，從而踏上了長期穩定發展之路。

中國古代哲學中的「道」，是中國思想與文化中一個最崇高、最具有包容性的範疇，「道」實際上構成了中國古代哲學譜系的樹根和樹幹，這使得中華民族在心理、思維和話語上，具有了高度的統一性和自我完善能力，中國古代的愛國主義也充分體現在古人對中國哲學精神的繼承與創新中，他們不斷努力，借鏡和吸收外來文化，但是，一定要使之中國化，這鑄造了「文化中國」

作爲文化實體的理念骨架。宋明理學是中古中國哲學發展的高峰，其目的之一就是維護中華文化的獨立、包容與創新，「爲往聖繼絕學」、「爲天地立心」的使命，正是古代文化愛國主義的重要表現。

32 從愛國賊到法西斯

日本軍國主義者就是愛國賊

「賣國賊」有時候很容易分辨，比方說，中國人以前說李鴻章是賣國賊，因爲他割地、賠款，把台灣割了，把其他那個租界、這個租界割讓了，這就是賣國，這個標準很容易看到，雖然我並不同意李鴻章是賣國賊的說法，在我看來，他才是眞正的愛國戰士。

而愛國者成爲愛國賊，也是其來有自。其實從美國開始，從法國大革命開始，愛國賊就已經出現。法國大革命那時候，最積極、最熱血沸騰的那些人都是主張愛國；美國開國元勳各個都認爲自己愛國，從華盛頓、富蘭克林，都認爲自己愛國。愛國賊，有一個比喻，人與人之間，我們倆打交道，我總是要保護我自己的一些利益，不管跟你關係熟不熟，近也好，疏遠也好，我要維護個人的利益。

中國有一個傳統，日本後來也傳承了——己所不欲，勿施於人。最好是我的利益保護了，你的利益同樣得到保護，我們共同實現這樣一個利益。所謂愛國賊，很簡單，我搶你的，我保護我自己的利益了，但是我不管你的利益，把個人行爲心態放到國家與國家之間，那就是愛國賊，他就是爲了自己的國家利益，不惜傷害別人的利益。或者說用一種不道德的手段傷害別人的利益，這也可以明確的認定那就是一個「愛國賊」。

中國人在這個時間裡面也一直說，以前這麼一個先進的國家，後來落後了，日本從明治維新開始，獲得了比較快速的發展。很多人經常用日本的明治維新和中國的洋務運動做比較。不可否認，日本明治維新到現在有一段不光彩的歷史，造成這個不光彩的原因之一，就是產生了很多「愛國賊」，那些士兵都說我是爲了天皇，玉石俱焚都無所謂，我覺得用如此日本的發展史，簡單對照中國現在的狀況是有危險性的。換句話說，日本在歷史上錯綜複雜的現象，對於今天的中國哪些是可以類比、借鏡，吸取教訓，加以預防、防範的？這些對比也好，比較也好，不能簡單變成一個中日關係。

愛國，過猶不及

有的時候看日本的歷史，有一些當年的日本人，他們愛國的勁頭有點讓人不可思議，不光是講那些士兵。有一次我看到那些士兵上戰場之前，當時有一個日本女大學生，自願去做妓女，因爲那個時候日本有軍妓，願意和即將上前線的士兵同床，同床完了以後，一句話就說你可以去死了，我當時就覺得這過頭了。

今天的中國是不是也有這種狀況？反日遊行也好，抵制家樂福也好，中國年輕人對這種事情的控制還是比較理性，他還沒有到我為了保護我的利益，一定把你法國怎麼樣，弄掉怎麼樣，就是說，眞正把「愛國」當回事兒的人民很少，絕大多數的人只是趁機發洩而已（當然，那些不負責任的言論和態度，也是愛國賊氾濫的重大原因之一）。針對日本應該是有的，比方說當年有砸日本車、大使館、餐廳等等，看到日本牌子就憤怒。好像抵制家樂福就沒有這種情況，看到一個法國雪鐵龍就把它砸了，好像沒有，大家對家樂福的抵制方式，在網上發帖、發電子郵件都比較理智。

某種程度上說，當時抵制家樂福，就是他要表明自己的態度，不是我一定要去傷害你，因為他覺得我受到傷害，法國對達賴、奧運會火炬等做法，只會傷害中國人的民族感情。但抵制家樂福這個行為，並不是說反過來要報復你，傷害你，那些年輕人更多是表明自己的態度，我不希望看到被傷害的狀況，表明一個很鮮明的態度。在這一點上，當時中國以學生為主的這些人，行為還是比較理智的。

從日本在歷史上的經驗出發，對今天中國正在發生的事情能做什麼樣的類比對應的參照？我認為，為自己的國家用不道德的手段去傷害別人，明顯屬於「愛國賊」的範疇。至於為國家爭取利益，這個絕對無可厚非，理所當然，每個國家都一樣，只不過你實現這個目標應該用什麼樣的手段而已。目的要堅定，手段要合理。

日本軍國主義不會復活

在另外一個國家也有非常典型的例子。德國一次大戰戰敗以後到二次大戰期間，有很多心態和日本一樣。一次大戰後的巴黎和約，德國每年要賠多少錢，賠法國的錢賠得很多，德國人自己各種各樣的原因，國內經濟也不好，就產生了這樣一種情緒，我爲什麼要賠，希特勒就出現了，他說我不賠了。

日本再也不會出現希特勒那樣的人，我們畢竟不一樣，以前經歷過一次慘痛的災難。

二〇〇五年中國反日遊行之後，日本的輿論都變成徹底的反華，天天重複播出那種鏡頭——砸日本駐華使館和餐廳的鏡頭，當時我發現，因爲我和組織遊行的人有過接觸，也是和北大精英那些人，當時組織者是沒有任何惡意，就是想表態對日本政府的看法，但後來沒有控制好那群趁機湊熱鬧的平民們，這是組織者、甚至公安部門也沒有想到的。當時我本來試圖在日本媒體上寫一篇相對中立的文章，就是盡量揭秘反日遊行的內幕，來主張不要以點蓋面，就是拿出此次遊行把中國視爲反日國家，那只不過是個案，兩國需要盡量避免影響大局。後來被斃了，編輯對我說：「你這篇文章沒什麼新意，讀者不會感興趣的，必須寫成很有煽動性的文章，否則我們不能登你文章」。與在中國的媒體不一樣，那次文章被斃的原因不是因爲政治敏感，越位了，而恰恰因爲文章的敏感性不足，不足以煽動民意。還記得被編輯拒絕後，我充滿失落感和無奈感。

天天報導政治家八卦、明星醜聞的週刊雜誌（日文說「週刊志」：發行量爲十萬至三十萬左右）

在日本很有影響力。比如，一般來說，被稱爲激進派或左派的《朝日新聞》，時時刻刻都很害怕被《週刊新潮》雜誌攻擊。一旦前者的報導有錯誤或漏洞，馬上就遭到後者的攻擊。週刊雜誌的嚴謹程度始終受到質疑，但它的報導充滿煽動性和娛樂性，因此非常受到那些對現狀不滿的老百姓歡迎。媒體之間的紛爭有時甚至會打官司。

週刊雜誌絕對不要我的文章。作爲由衷希望日本國民持有健康的對華觀以及開闊的國際視野的年輕人，我還是要堅持把在中國看到的眞實狀況，盡量客觀、理性地傳達給本國讀者，但做起來很艱難。日本的輿論環境不允許我的文章包含絲毫對華有利的意思，這樣只好被判爲「賣國賊寫的文章」。果然，我的稿子被斃了，是在情理之中。我當時思考了很久，「日本不是說有言論自由嗎？」看來，不管是有形還是無形，有管制還是無管制，徹底的言論自由環境是不存在的，任何社會都有忌諱或禁區。在那樣極端的反華氛圍之下，有一點不同的、中立的聲音都不能出現，這種無形中的輿論導向似乎越來越明顯，也可以說成民族主義的興起。在中國存在，在日本存在，而且兩者往往形成高度密切的互動關係，作用和反作用的關係。

二戰前夕的日本社會是典型的「失控」狀態，政府文官無法控制軍隊，知識分子和媒體也受到來自軍隊的無形壓力，只好保持沉默，促使老百姓徹底變成「沉默的大多數」，結果就是導致了軍國主義蔓延，向外發動侵略戰爭。可以說，二戰前夕的日本，發動戰爭的軍隊也好，被戰爭捲進去的政府也好，只好旁觀形勢失控的知識分子也好，保持沉默、無所作爲的平民也好，都變成了「愛國賊」。日本在二戰中的慘敗絕對是個歷史教訓，今天所有的國家社會都値得從中吸取教訓，即在社會上有權力（往往是公權力）的勢力開始強有力地引導輿論，媒體、公共知識分子害怕被公權力整頓，因此，跟蹤或順從這批勢力的輿論導向，被煽動的大衆則盲目接受或保持沉默，假如說這一勢力的決策或判斷是錯誤的，那麼，不管是內政還是外交，這個社會有可能陷入崩潰之路。原因可想而知，社會中的多個角色都主觀認爲「自己是個愛國主義者」，實際上往往都是「愛國賊」，就是有可能使得國家陷入衰退局面的核心角色。這一點，我們要銘刻在心中。

許多中國老百姓很關心的問題是：未來，日本軍國主義有可能復活嗎？我的答案是：九八%不可能。首先，戰後六十多年，日本始終堅持《和平憲法》，就是在《憲法》中放棄了戰爭。日本作爲依法治國的現代化國家，政治勢力徹底無視《憲法》的存在和作用，暴力性地行使政策的可能性幾乎爲零。其次，日本國民，包括媒體、知識分子等對戰爭的反思、牽制、厭煩根深柢固，我們再也不希望被國家陷入戰爭之痛，對公權力的監督和批判體系已經形成了無路可退的成熟局面，基本上不可能使得公權力再次走向失控。最後，今天圍堵日本的國際格局與二戰前夕有著根本性的不同。無論從美日同盟的穩定性，還是中日關係的相互依存來看，使得日本軍國主義復活的可能性幾乎爲零。中美兩大國絕對不會允許日本再次忽視國際社會的聲音，發展軍力，向外發動戰爭。從今天日本國家實力來看，日本當局也絕對不敢發動戰爭。總之，從意志、能力、條件三個方面看，使得日本選擇重新走向軍國主義，以向外發動戰爭的方式謀求和平與穩定之路的可能幾乎爲零。

之所以說「九八%」，是因爲我還是很警惕日本輿論時時刻刻呈現出的「一邊倒」現象，就像我的稿子被斃掉時那樣，在充滿反華的輿論氛圍之下，一點不同的聲音都不被允許，這種民族心理跟二戰之前相比，實際上是沒有絲毫區別的。再說，今天日本有些政客、言論家或「網路右翼」（等於中國的「憤青」）的排他性民族主義，非常值得警惕，一旦他們的言論勢力形成了巨大號召力和吸引力，在任何人都不能對他們說「不」的情況下，日本的對外政策有可能陷入某種失控。我不相信這一失控會像二戰前夕那樣徹底，但作爲在歷史上有「前科」的日本人，還是要不斷去反思歷史，向內外傳達渴望世界和平，爲此做出貢獻的決心，全力以赴避免歷史的重演。

33 中國學者憑什麼拒絕日本「右翼」？

二〇一〇年一月三十一日，由中國和日本各自十位歷史學家組成的「共同歷史研究會」，公布了《中日共同歷史研究報告》。二〇〇六年十月，安倍晉三前首相對華進行「破冰之旅」，在中日首腦會談上與中方領導人達成共識，決定年內建立本研究會。後來，每年一次，在北京和東京輪流舉行學術交流會。《報告》是雙方四次碰撞的結晶，共五百五十頁，包括「古代、中近世史」和「近現代史」，給雙方成員提供了各自發表觀點、相互交流的平台。雙方對研究成果的評價充滿東方色彩，「兩國學者對歷史的認識依然有分歧，但通過交流取得了一定程度上的接近」。

歷史認識問題至少牽涉到政治外交、學術研究以及國民感情。三者之間呈現出緊鑼密鼓的關聯，缺一不可，只能良性循環，否則一塌糊塗。只有良好的政治氛圍，才能建立健康的學術交流平台，學術交流逐步深化，民衆之間的相互感情才能慢慢靠近。召開「研究會」，發表《報告》絕不是簡單的事情，正是兩國「官民一體」的多層化互動所取得的成果。作爲日方成員、從頭到尾參與了研究會的朋友發郵件跟我說，「這是在政治上有著局限的研究」。可想而知，中日之間在政治體制、經濟發展、歷史進程、民族心理、價值觀念等衆多領域，仍然存在著較大的差距。不是好或壞，高或低，優或劣，雙方都需要對方，討論「哪一方更需要對方？」是沒有意義的，就盡可能求同存異，相互尊重，同舟共濟。

以上爲客套話，以下說點問題：

二〇〇六年十二月二十五日，《南方都市報》刊登了一篇《中日歷史認識能否超越國界？》的文章，說：「中日關係好像依然未長大成人，至少難說『成熟』。其中一個重要原因，就是歷史認識問題：歷史認識究竟能否超越國界？」「共同研究之目的，並不僅僅是共享所謂『對歷史的客觀認識』，而是通過研究的深化，來謀求相互理解的增進，將歷史爭議局限在小範圍內，既不迴避歷史觀差異，也不誇大」。

二〇一〇年二月一日，《環球時報》刊登了一篇《中日發布共同歷史研究報告——各自表述歷史認識，駁斥日本右翼觀點》的文章，引用中國史學會會長張海鵬的觀點說：「日本學者的觀點有很大進步，特別是與右翼學者有明顯不同」；還引用「專家」的觀點說，「這樣的對話和研究應繼續下去，用研究成果引導兩國國內對歷史問題的認識，駁斥日本右翼的歷史觀，讓歷史問題不再成爲障礙」。

「研究」走過三年，是在政府主導，由官方來制定的框架下，讓來自民間的學者各自發表自己的觀點。在目前中日政治環境當中，把交流的潛力和思想的共識發揮到極致，令人欽佩。那麼，《南方都市報》三年前提出的問題——「歷史認識有沒有超過國界？」有沒有得到什麼回應？對此，《環球時報》非常客觀而明確地給予了答案——頗爲艱難，幾乎不可能。

說白了，中日雙方的學者所面臨的國內政治環境之間，存在著暫時無法貼近的差距。中方成員與高采烈地評論說，「日本學者的歷史觀有進步，有利於駁斥右翼的歷史觀」，這句話眞實地反映著中國學者對歷史認識堅定不移的核心立場。在他們眼裡，參加「共同歷史研究會」的日方成員是所謂「非右翼」，是能夠交流的對象，並區別於所謂「右翼」分子。什麼是「右翼」？就是其觀點與中國體制所允許的話語範圍不相容的人群。

中國學者至少在公開、正式的中文場合，只能與「非右翼」分子打交道，「右翼」則是駁斥的對象，不去面對，只能在對方看不見的地方間接地痛罵一頓，「你們的歷史觀有問題，不準確，不道德」。我一直感到疑惑，中方學者爲何不主動去跟日方右翼分子交流呢？只能跟符合自己價值觀的人交流，等於自言自語、自我滿足、自我安慰，就解放思想、開闊視野、提高知識而言，百害而無一利。天經地義，中國特殊的國情不允許一個學者具有獨立的觀點和立場，必須符合所謂「國家利益」和「政治正確」。這是內政，並不奇怪。

我只是想提出一點，中國學者在右翼面前，能否做到不扮演「評論員」（commentator），而扮演「交流者」（communicator）的角色。現狀是，假如一個日本學者的觀點是他們所認爲的右翼，就立刻攻擊，並評價爲「退步」；另一個日本學者的觀點是他們所認爲的非右翼，就立刻表揚，並評價爲「進步」。豈有此理，思想交流並非這麼簡單的二元結構。

考慮到兩國政治體制、生存環境等深層不同，把交流的對象分成「友人」和「敵人」（比如，中國領導人愛用的「中國人民的老朋友」，在對外交往上聽起來很親切，卻是最爲政治化的叫法），也是可以理解，無可奈何的。眞正問題並不是中國和日本之間圍繞歷史認識問題上的接近或分歧，而是中國部分（也許大多數或絕大多數）學者、公共知識分子以及媒體人等所謂「知道分子」們，把通常在對外交往上積極使用的「友敵區別對待論」——從意識形態的角度攻擊或排除持有與自己不同觀點或立場的人群——應用到國內的思想交流上。

中國知識界，正在重新走進「階級鬥爭」的時代……

34 戰後史屬中國內政不應干涉

二〇〇九年十二月二十四日，「中日共同歷史研究會」的最後一次會議在東京舉行之際，我接受了上海《東方早報》的「日本通」王國培記者的採訪記錄：

〔東方早報〕如何評價這次共同報告書的發表？

〔加藤嘉一〕這次報告最大的一個亮點就是，雙方對立的觀點並列記載，我覺得這是一個偉大的進步。在以前，雙方總是希望把自己的觀點強加給對方，非此即彼，不允許觀點並列。從這點可以說，中日雙方委員是以比較負責任的態度來進行這次研究的。

一個國家對歷史的認識是複雜的。雖然歷史客觀上是唯一的，但是由於各國歷史進程、政治體制、人文觀念、發展進程不同，必然出現對歷史認知和表述的不一致。所以，研究歷史的一個基本態度應該是，即使沒有辦法達成共識，也可以允許對方觀點的存在，即所謂求同存異。歷史是需要從多個角度和視點考證的。實際上，正因爲不同觀點的存在，才讓歷史學家一步一步接近原本的歷史。

我可以預見，這次報告發表出來以後，圍繞南京大屠殺死亡人數等細節問題，可能會遭到來自中日民間部分人士的不滿。在日本，有一部分政治家、言論家以及國民堅持認爲，三十萬死亡人數是中方鼓吹出來的。而中國的大部分國民則認爲，三十萬死亡人數是不容置疑的。

在這一點上，中日國內的輿論實際上是相似的。因此，在發布這個報導上，中日雙方專家都面臨著巨大的壓力。但是最終能夠促成觀點並列記載這個結果，我覺得是一個了不起的嘗試，也是中日官民一體推動歷史認識的一個成果。

此外還有一點，就是這次發布的報告不僅包括近現代史，還包括古代史。雖然可能古代史由於爭議不多並沒有受到太多重視，但是我依然認爲，此次對古代史的共同研究有著極其重要的意義。

我們日本年輕人實際上對中國的古代史很感興趣，在我們上學的時候，學得最多的古代史都是關於中國的。由於古代中國對日本的影響，實際上日本人對中國的那種特殊情感，是大於其他任何一個國家的。

但是相比而言，中國年輕人對日本古代史感興趣的又有多少人？我希望這次的共同研究能夠促進兩國人民更多地關注雙方有著友好交流的古代史，喚起兩國人民的歷史認同感。要記住，中日交往史不僅是近代史，還有更長的古代史，看待歷史的時候，我們有必要盡量避免以點蓋面，或以面蓋點。

〔東方早報〕作爲一個瞭解中國的日本年輕人，你想對這些不滿者說什麼？

〔加藤嘉一〕我希望大家看到對這些有爭議的細節的並列記載，不要立馬就情緒化反應，馬上就反駁。而是要擁有一種樂意跟持有不同觀點的人交流的心態。對於對方的觀點，你沒必要接受或反對，但是至少要知道有這麼回事。我想這對自己的認識也是有幫助的。

所以，我認爲這次研究報告，是一本糾正對歷史認識態度最好的教科書！

中日國民感情正處常態

〔東方早報〕你在二〇〇三年來到中國，經歷了中日關係從低潮到慢慢改善的過程，你覺得這幾年間，中國國民對歷史問題的態度有沒有轉變？

〔加藤嘉一〕是的，我經歷了中日關係低潮期。二〇〇五年應該說是我感受最深的。那時候，我幾乎每天都看中國媒體的報導，頭版幾乎都是罵日本的。而到了二〇〇六、二〇〇七年，隨著網路的發展，網友越來越多，網路政治也越來越發達，我也經常在網上發表言論。於是，我的郵箱每天都能收到兩百封以上的郵件，八〇%以上是罵我的郵件，說「請加藤滾回你們日本去！」之類的話。其實對於中國老百姓的這種對日情緒，我是理解的，因爲日本也有許多這樣的網友，即「網路右翼」。

而二〇〇八年，我認爲是自從我到中國以來，中國對日情緒改善最大的一年，也是中國對日本最有好感的一年。有兩件事情起到關鍵作用。一是在汶川地震中，日本救援隊的幫助。二是在北京奧運會上，日本運動員的入場。那個由福原愛擔任領隊的入場，每個日本運動員手上都拿著中日兩國國旗，這是非常罕見的。這個舉動打動了很多中國人，是一次成功的外交。

不過二〇〇八年，由於發生「餃子事件」，一度影響了日本國民對中國的情感，不過現在也已經被淡化了。我感覺，走到二〇〇九年底，中日兩國的國民感情已經基本恢復正常。我希望這種常態能夠得到持續。

在此基礎之上，我希望兩國國民之間有更多的交流。我一直認爲，瞭解對方是態度問題，瞭解自己是責任問題。中日之間，需要的不是親華派或親日派，需要的是知華派和知日派。

細節問題不能政治化

〔東方早報〕堅持歷史共同研究能否規避歷史問題政治化？

〔加藤嘉一〕實際上這也是我想強調的另外重要一點。在中日歷史問題上，總是有政治化或大衆化的傾向。這是我所不提倡的。

畢竟，在政治上，兩國已經達成共識，有四個政治文件爲基礎。所以，對於一些細節上的數字等問題，我們不能把它政治化，而應該交給學者。我認爲這種共同研究的嘗試是規避歷史問題政治化的好辦法。

對於中日歷史問題，應該有這樣的思路和分工。在政治家層面，要堅持首腦外交，保持溝通，引導兩國關係的大方向，不能像小泉時期那樣不見面。在官僚層面，要把討論的框架制定下來，就像這樣的共同研究。在學者層面，則是進行學術性的討論。而在民衆層面，則應當樹立一個認識：歷史認識需要思考，對對方歷史認識予以尊重。

〔東方早報〕戰後史沒有被發表，你怎麼看？

〔加藤嘉一〕這部分最終沒有發表，本身就是對對方內政不過多干涉、相互尊重的一個結果。

對於中方關於戰後史的態度，有些日本人經常這麼說：「你們中國人經常說我們對二戰史不反省，你們自己不也對自己的歷史不反省嗎？」我覺得這是一種低級的情緒化反應。爲什麼？因爲二戰史是兩國共有的歷史，而戰後史則是中國自己的歷史。對於別國的歷史、別國的內政，我們是無權干涉的。

關於戰後史，中日第四個政治文件已經寫得很清楚。中國對於日本戰後的和平道路給予評價，日本也認爲中國的改革開放取得了成就，對於對方所走的道路的評價都是正面的，體現了尊重對方政治生態的基本姿態。

這次共同研究報告絕對不是全部，而只是促進兩國人民互相理解的一部分。探索一定要繼續。

第三部分　愛國主義與國際主義

35 愚人節的眞新聞

二〇〇九年四月一日，中國和法國的外交部共同發布《中法新聞公報》（以下簡稱《公報》）。「在相互尊重和重視彼此根本利益的基礎上」，中國終於同意恢復與法國領導人之間的互訪關係，而法國也終於回到「戴高樂將軍做出的決定上面」。根據互不干涉內政原則，拒絕支持任何形式的“l'indépendance du Tibet”（西藏獨立）。中法之間圍繞西藏問題而展開的冷戰，到這一天正式結束了。而這一象徵性的日子，距離二〇〇八年三月二十五日，法國外長庫希內發表「不能容忍中國對西藏的『鎮壓』」的政治立場，幾乎剛好一年。

首先，引起我注意的是《公報》發布以及有關報導的日期——恰好是愚人節。聽中國朋友說，幾乎在每年的這一天，都會有媒體根據時事編造一些有趣的假資訊。而今年的四月一日，法國在外交上似乎處於很強勢的地位。薩科齊總統甚至表示，如果倫敦G20峰會不接受他的意見，他有抵制這一峰會的可能。對世界形勢的和諧發展都採取如此強硬的總統，竟然此刻對中國做出讓步，結束了一場中法冷戰。在我看來，這條簡直像「愚人節新聞」。

然而，這並不是一個玩笑。《公報》同時來自兩國外交部的官方網站。經過「抵制奧運會」、

「抗議火炬傳遞」和針鋒相對的「抵制家樂福」、「抵制路易威登」、「抵制巴黎旅遊」、「抵制空中巴士」、「抵制中歐峰會」等風波，這回，法國做出了實在的讓步。它意味著，歐洲各國在西藏問題上的「神聖同盟」被它創始國打破。這回，中國的民族主義者們應該感到「高興」了吧。

我認爲，苛求薩科齊總統是不對的。他有他自己的國家，他的國家有本身的利益和問題。與中國一樣，內政與外交之間無時不存在著深刻的矛盾。在全球經濟陷入衰退的大背景下，法國經濟也出現了不小問題。在最近國際新聞中，法國的名字總是和罷工、銀行醜聞聯繫在一起。毋庸置疑，外交政策上的「強硬」和「讓步」，對於任何國家來說都是手段而不是目的。關於此次法國對中國的讓步，我們不應該從「道德」或「正義」的角度進行研究。眞正值得研究的，則是長達一年的「中法冷戰」期間，中國人身上發生的改變與思考。

在我印象中，二〇〇八年三月以前的中國人比如今抱著更多的憂患意識、更謹愼的信心和更豐富的觀念，對於「努力融入世界」、「認眞扮演國際社會的利益攸關者」也更有興趣。當時在中文網路上還始終存在著「該不該辦奧運會」的爭論。網友從國家發展階段、現代化水平、國民素質、投資、基礎建設、電力分配、水資源、安全保障和台灣突然宣布獨立的可能性等多種角度，激烈討論了舉辦奧運會的合理性問題。

因奧運會的接近而逐漸放鬆管制的網路，也爲這些爭論提供了可靠的平台，使得這場具有跨世紀性質的大辯論連續進行了好幾年。據說，這種爭論圍繞著每一屆奧運會都會發生，二〇〇〇年我觀看雪梨奧運會的時候，對此產生過類似的認識。這次在北京也產生了熟悉而親切的感覺。可以說，對於任何一個有能力和容量舉辦奧運會的國家來說，這種根本性的爭論都是非常正常、非常必要的現象。這本身也說明，中國正在以自己的方式融入國際社會。對此，中國人應該感到「高興」。

不過，這一切在「那個三月」以後被改變了。接下來的事態變得越來越戲劇化。雖然西藏事件發生在三月，但眞正讓大家感到不安的，是奧運火炬傳遞開始以後的事件。由於二〇〇一年的中國領導人似乎對本國的國際形象抱著極大的信心，所以中國早就確定了在全球傳遞火炬的計畫。然而在二〇〇八年，儘管第三世界的國家始終「尊重」中國，但在歐洲和美國等待著中國的，卻是來自政府和民間的刺激、反抗、甚至侮辱。發表聲明「不能容忍中國對西藏的鎮壓」的高官，和高喊“Free Tibet”的街頭抗議者，讓中國人頭一次眞實地感到自己被排除於發達國家之外，無法進入他們的圈子裡。

而在那之前，中國人始終都有通過自己的高速發展，「超英趕美」，進入那個圈子的夢想。面對夢想的破滅，中國人感到「不高興」。這種「不高興」本身是對孤立的本能反應。中國人對待「不高興」的方式充滿著中國特色。感到「不高興」的中國人腦海裡，「義和團心態」是從未消失的，近年甚至呈現著「重新崛起」的態勢。「何時走出自卑」也許是中國人「和平崛起」的前提所在。

今天的中國既不是一個政府控制全民意志的全體主義國家，也不是一個媒體可以完全自由發表言論的後現代國家。事實是，中國民間的情緒總是積攢著，官方則必須依靠流傳了無數年的統治藝術加以「引導」。一旦引導失靈，民意就有「崛起」的危險。而在二〇〇八年，在強烈的刺激之下，中國的民意已經沒有保持沉默、低調的可能性了。政府只好把這股破壞力強大的水流引到自己的對立面去。於是，輿論形成了一股「反西方」的潮流。

二〇〇八年三月，外國媒體在拉薩事件上的「錯誤」報導，被中國人關注、抓住，有些人還成立了專門的反駁網站。在街頭抗議中起了很大作用的各種非政府組織，也被中國人重視起來。對於利用西藏問題鞏固內政、展開外交、態度最積極的法國總統薩科齊則遭到中國人前所未有的長時間冷遇。

在採取這些報復措施的同時，中國人驚奇地發現自己作爲一個民族，在一個政治問題上取得了空前的團結一致。這種一致性讓中國人的自信心迅速增加了起來，並反過來鼓勵政府和西方急需「僵持」下去。於是，爲期一年的冷戰開始了。

在這一年中，中國人的信心每一天都在增加，甚至膨脹，與世界的溝通卻正在減少。今天，如果中國人的自我認知是「目前融入世界的條件還不充分」，那麼「有信心而不高興」的同志們持有的觀點，應該是「要在沒有基礎的情況下，強行在世界上找到自己的位置」。

對相信「實踐是檢驗眞理的唯一標準」的中國人來說，這場冷戰的結果是明確的。一方面，連西藏問題上最活躍的法國都能在這個時候做出讓步的話，其他歐美國家就更沒有理由接替法國，成爲被強大的中國冷落的對象。另一方面，中國的地方當局用「軟硬兼施」的辦法，逐漸消滅產生「藏獨」的空間，而達賴喇嘛的生命也在一天一天地減少，「塵埃落定」的一天似乎不遠了。

但此時此刻，對中國人來說，認識到冷戰的結果或者歡慶勝利，都不是最重要的。眞正重要的是，重新認識自己，請自問：「我是誰？」

36　日本人眼裡的毛澤東

愛國主義和國際主義

一九三八年十月，毛澤東發表了《愛國主義和國際主義》一文。這篇文章，對於我們現在討論「愛國」問題，依然具有振聾發聵的指導意義。

國際主義者的共產黨員，是否可以同時又是一個愛國主義者呢？我們認為不但是可以的，而且是應該的。愛國主義的具體內容，看在什麼樣的歷史條件之下來決定。有日本侵略者和希特勒的「愛國主義」，有我們的愛國主義。對於日本侵略者和希特勒的所謂「愛國主義」，共產黨員是必須堅決地反對的。日本共產黨人和德國共產黨人都是他們國家的戰爭的失敗主義者。用一切方法使日本侵略者和希特勒的戰爭歸於失敗，就是日本人民和德國人民的利益；失敗得越徹底，就越好。日本共產黨人和德國共產黨人都應該這樣做，他們也正在這樣做。這是因為日本侵略者和希特勒的戰爭，不但是損害世界人民的，也是損害其本國人民的。中國的情況則不同，中國是被侵略的國家。因此，中國共產黨人必須將愛國主義和國際主義結合起來。我們是國際主義者，我們又是愛國主義者，我們的口號是為保衛祖國反對侵略者而戰。對於我們，失敗主義是罪惡，爭取抗日勝利是責無旁貸的。因為只有為著保衛祖國而戰，才能打敗侵略者，使民族得到解放。只有民族得到解放，才有使無產階級和勞動人民得到解放的可能。中國勝利了，侵略中國的帝國主義者被打倒了，同時也就是幫助了外國的人民。因此，愛國主義就是國際主義在民族解放戰爭中的實施。為此理由，每一個共產黨員必須發揮其全部的積極性，英勇堅決地走上民族解放戰爭的戰場，拿槍口瞄準日本侵略者。為此理由，我們的黨從九一八事變開始，就提出了用民族自衛戰爭反抗日本侵略者的號召；後來又提出了抗日民族統一戰線的主張，命令紅軍改編為抗日的國民革命軍開赴前線作戰，命令自己的黨員站在抗日戰爭的最前線，為保衛祖國流最後一滴血。這些愛國主義的行動，都是正當的，都正是國際主義在中國的實現，一點也沒有違背國際主義。只有政治上糊塗的人，或者別有用心的人，才會瞎說我們做得不對，瞎說我們拋棄了國際主義。

二〇〇八年，因寫畢業論文的需要，調查中日輿論時，我看到了有趣的結果（二〇〇七年版的某個調查）。關於日本普通老百姓對中國政治家的認識情況，九四%以上的人知道毛澤東，與其他中國政治家相比，這數字很突出，令人驚訝。我想趁機稍微思考一下「毛澤東究竟是誰」這個問題。這的確是一個「問題」。我想，主要有三個方面。

我對毛澤東的認識

毛澤東無疑是爭議最大的偉人之一。這是我對毛澤東眞誠的認識。作爲最基本的認識，無論是誰，什麼背景，什麼時代，什麼地方，「建國者」裡面，沒有一個不偉大的人物。因爲，無論後來導致突飛猛進的發展還是一塌糊塗的崩潰，在歷史的長河上，「建國」本身是符合人類發展邏輯的。當然，世界上不存在任何主權國家，大家都像原始時代那樣純粹自然地生活，那也許是好事，但它不符合人類發展的邏輯。

中華文明的歷史悠久，至今它給整個人類社會帶來了衆多寶貴的思想與智慧，中華文明是偉大的。而毛澤東在中華文明的長遠過程當中建立了中華人民共和國，使得中華文明擺脫了近代以來所承受的各種恥辱和滯後。作爲思想家、詩人、戰略家、軍人、政治家等各種身分，爲中華文明的持續生存與發展，做出了獨一無二的貢獻。我本人尤其欣賞他當年「農村包圍城市」的思想。他深刻地瞭解中國農村或農民的地位與作用，他巧妙地利用農民進行了革命，贏得了中日戰爭，最終建立了國家。客觀地講，當時毛澤東對農民的政策很明確，即「既不讓死，又不讓活」。毛澤東對農村、農民、農業，即「三農問題」的戰略思想是先進的，今天我們也需要從他的智慧吸收營養，吸取教訓。

毛澤東在中國歷史上的地位與影響

中國有許多偉大的歷史人物。我相信，中國在歷史上是偉人最多的國家。作爲一名老外，我也能夠自然而然地想出衆多偉人：孔子、孟子、墨子、老子、韓非子、秦始皇、曹操、屈原、朱元璋、王陽明、董仲舒、陶淵明、王羲之、李白、康熙皇帝、乾隆皇帝、鄭和、康有爲、梁啓超、李鴻章、孫中山、毛澤東、劉少奇、周恩來、鄧小平等等。

毛澤東絕對是屬於中國範疇內的偉人。雖然每一個偉人所做出貢獻的方式、途徑都有所不同，但他們都對中國甚至世界歷史長河起到長遠的影響。大家都是長青的。毛澤東也是如此。不言而喻，他所做出的最大影響，的確是凝聚了祖國人民，使得他們有了一個物質的、精神的家，即中華人民共和國。雖然我們沒法知道或預測中國共產黨所執政的局面今後持續多久，今天的中國還處於建國以來才五十多年的情況，但無論如何，毛澤東的貢獻是前所未有的。

從歷史發展的眼光看如何評價毛澤東

如前所述，毛澤東對中華文明的發展所做出的貢獻可想而知，這是一方面。不過，我們知道，任何時代、任何人都是有局限性的。毛澤東也是如此。他在晚年所犯的錯誤是需要被反思的。大躍進、文化大革命絕對是錯誤的，無論當時的國內外形勢多麼嚴峻、複雜，當時的權力關係多麼微妙，它是錯誤的，他的錯誤決策到底抹殺了多少同胞的寶貴生命？中國人必須首先正視自己的歷史，瞭解自己的領導幹了什麼。

毛澤東在晚年時所犯的錯誤，給後來中華文明的進程帶來的是巨大的停滯和衰退。他對今天中國的政治、思想、體制等所具有的影響是深層的。不過，我們盲目的討論「假設當時毛澤東沒有犯錯誤，今天的世界應該是如何」等話題，本身不帶有任何建設性，時間不逆流，我們絕對不應該以「假設」的眼光回顧歷史。更重要的是，踏踏實實、「正確」地評價並反思毛澤東在晚年所犯的錯誤，並且「客觀」地分析當時的國內外背景、權力關係、內在邏輯。這過程對今後中國的可持續發展來說極爲重要。這是中國人自己的問題。只有中國人本身「正確、客觀、全面」地評價毛澤東，毛澤東才能變成眞正的偉人。毛澤東已過世，他的陰影卻從未過世。毛澤東的使命已結束，中國人的使命卻從未結束。

37 日本外交官的國家利益觀

「開放的國家利益」與「愛國賊」

戰後六十年間，日本在不斷促進亞洲太平洋地區的和平與繁榮的同時，為確保國際社會的共同利益，正在推進既符合當代日本的利益需求，又符合國際貢獻的外交政策。其根基在於確保日本的國家利益，即追求日本及其國民的和平與繁榮，這是不隨時代變化而改變的方針。今後，日本將繼續把日美同盟與國際協調當作外交的根本，努力維持並加強日本及亞太地區的和平與穩定的基礎——日美同盟。此外，日本還將盡量促進發展在聯合國等國際組織中的多國合作，以及與中國、韓國等周邊國家的關係。對於涉及地區穩定或合作的問題、國際恐怖主義、貧困、開發、人道危機、人權侵害等跨國問題，做出和平國家應有的支援，為構建和平、幸福的世界，堅持不懈地努力。

——二〇〇六年日本《外交藍皮書》

不難看出，戰前犯了錯誤的日本，其戰後始終努力明確國家利益，展開和平外交，尊重多邊主義，盡可能主動性地融入國際社會的大潮流。

「開放的國家利益」是個關鍵詞。「開放」意味著首先把自己的國家給開放，把區域的利益視為本國的利益，結合在一起，融為一體。盲目強調祖國的國家利益，比如如果我國政府在東海、貿易收支等敏感議題上，要拿走百分之百的利益，一，不現實，二，嚴重違背「開放的國家利益」這一新時期的原則，不可能實現愛國主義和國際主義的結合。對於生存在今天的政府來說，把國家利益與區域、國際、甚至全球的利益結合在一起，「國際協調」才是對外戰略當中的重中之重。不穩定、不確定為特徵的冷戰後國際格局下，自以為是的「國家利益觀」，換句話說是「排他性民族主義」一定說不過去，站不住腳。穩定、繁榮東亞符合日本國的核心利益，相信，對中國來說，甚至對美國來說，也是如此。這也是三國的共同利益，因此，我們需要本著「國際協調」的精神去維護它，持有如此國際視野的外交官，才是眞正的愛國主義者。利用本國媒體排外報導，迎合老百姓的民族情緒，簡單採取對外強硬的政策和態度，是頗為危險而有風險的，絕不符合長遠的國家利益，這樣持有狹隘、短視的觀念的外交官，往往也是「愛國賊」。不要忘記，不僅是上街的憤青，煽動他們或不阻止他們非理性言行的媒體，以及政府官員，往往也變成「愛國賊」。

可見，「愛國賊」是個全民話題、全國話題、全球話題，任何國家的任何人都會成為「愛國賊」，只是已經變成「愛國賊」的人往往意識不到自己是個「愛國賊」，還戴著「愛國主義者」的帽子，並從這一被扭曲的身分和角色賺錢，這是「愛國賊」的謀生方法，眞實面孔。怎麼樣？難道讀者朋友們不對「愛國賊」感到反感嗎？還是您終於意識到「我是愛國賊」？

「島國文化」的謀生之道

我也不太清楚，大家常常強調的「島國文化」到底樹立的是什麼樣的形象。但可以肯定的是，日本有史以來是個島國，也曾經傾向過封閉、內向型的姿勢。反過來看，正因為如此，我們後來才有動機產生開放、外向型姿勢的表現。自古至今的「國際化」口號恰好體現著這一點。

本著孤立於國際社會發動戰爭的反省，日本戰後始終以「國際協調」為基調，展開外交政策。在相互關係、相互依存已是大勢所趨的國際社會上，我們更加有必要意識到「世界中的日本」，全國人民團結一致去推進主動的國際協調外交。同時，我們也必須克服排外性的民族主義，把眼光投向世界，為世界的和平與繁榮做出貢獻。這才是「島國日本」堅持走下去的道路，也是大多數日本國民的願望以及決心。

綜觀最近的國際經濟金融危機就一目了然。在全球化日益深化的今天，追求繁榮的國家之間必須相互協調合作，否則不可能實現可持續發展，更何況國民的幸福。特別需要指出的是，資源匱乏，作為通商國家獲得發展的日本，今後將面臨人口減少、「少子高齡化」現象等，那麼，我們只有向亞洲以及世界各國開放自己，才能得到美好的未來。與此同時，國際社會和平、自由的交易，對日本的繁榮也是不可或缺的。總之，第一，和平穩定的國際政治、安全保障環境；第二，自由開放，並有規律的國際貿易、金融體系，才是日本的國家利益。在這個意義上，目前我們面臨的全球金融危機以及朝核問題，從日本實現和平和繁榮這些國家利益的角度看，可以說是巨大的威脅。

日本國民必須認識到以下三點：一，日本的生存和繁榮，不通過與世界各國和平的交易是不可能實現的；二，在世界上正在因饑餓、貧困等感到痛苦的朋友們，確實需要日本的支援；三，爲解決恐怖主義、地球環境問題等，必須做好國際合作。在此基礎上，我們堅持把日本的國家利益和「國際利益」、甚至「地球利益」協調起來。爲此，政治和媒體的責任是重大的，其任務正在被考驗中。

日本的政局最近有了變化。自民黨結束了一黨獨大的生命。多樣化的政治局勢正在崛起，再此形勢下，國家與社會的任務、政府與市場的關係、公私關係、中央與地方的關係、城市與農村的關係、教育體制、勞動的意義、高齡化社會的課題等，日本每一個國民都應該正視我們正面臨的深刻問題，並尋找解決方式，尋找實現可持續發展的原動力。深厚的傳統文化、先進的科學技術、良好的治安秩序、環境保護、美麗的自然、自由繁榮的公民社會等，都是一種軟實力。日本的優勢遠遠沒有丟失，我們如今需要做的是完善這些。

還有一點，日本必須面對的是中國的崛起，這是二十一世紀最重要的事件。這對日本的外交政策會有怎樣的影響呢？其實，以中國爲中心的亞洲崛起，是在全球化以及各國開放型的經濟相互連動的背景下形成的。相互依存的深化、各國間雙贏關係以及經濟聯合實際上是相輔相成的。日本在面臨這一大趨勢的過程中，有必要進一步開放本國的經濟社會體制，爲了加強區域內的經濟合作，與各國攜手完善現有的制度和規則。尤其在世界經濟危機嚴重化的形勢下，亞洲作爲世界成長中心的任務實在重大，而世界第二、第三經濟大國——日本和中國應該加強合作，率領亞洲成長，奉獻於重振世界經濟，這也將促進中日兩國的繁榮。從中長期的前景看，我們應該展望未來中建立所謂「東亞共同體」，爲實現開放、繁榮的亞洲地區，踏踏實實地推進區域合作，這也將是日本外交的課題。

日本一名外交官的國家利益觀

二〇〇九年一月，我有幸在中國翻譯、出版了日本外務省亞太局副局長小原雅博先生的一本書《國家利益與外交》（日本經濟新聞出版社），名字改成《日本走向何方》（中信出版社）。小原先生是是負責日本對華政策的重要人物。作爲一名日本「現役外交官」，小原先生道出了日本外交的眞諦，通過剖析日本外交政策的決策過程，爲讀者勾勒了一幅清晰的日本國家利益觀的演變過程，說明了日本外交從一戰、二戰一直到冷戰結束後的新世紀，發生了怎樣的驚人轉變。本書反覆強調日本開放國家利益的重要性，在尊重國際利益、世界利益、全球利益的前提下，尋找本國的國家利益。在這裡，我行使譯者的權利，引用一下，與大家分享日本資深外交官是如何看待日本在國內外所面臨的處境：

最近在日本，我們經常在各種場合聽到或看到「國家利益」一詞。聽到類似「派遣自衛隊符合日本的國家利益」、「首相參拜靖國神社違背國家利益」等說法後，大家是否會表示理解？「國家利益」是一個「魔杖」，其內涵很模糊，也很不明確，甚至似乎「有風險」。在「國家利益」因流行而變得「時髦」的背後，日本人似乎始終沒有認真分析其內在的含義。《論語》有一句話：「君子務本，本立而道生。」意思是，只要努力去把握根本，就自然而然地走進核心之道，找到本質方法。不言而喻，任何事情都要以「根本」為核心。

日本外務省近年公開發表的秘密文件——《日本外交的過失》指出了「根本」的重要性。這份文件記錄的是一九五一年日本外務省收到的當年首相吉田茂的指令，檢討從「九一八事變」至第二次世界大戰期間的關鍵環節上，日本外交因這樣那樣的原因而導致的政策失誤。文件結論的部分概括如下：「一切都要以根為本」；「絕不應該只考慮條約等文件的字句，而忘記深層的政治意義、影響等根本問題」；「若在根本問題上存在錯誤，末節的苦心只不過是自慰而已」。當時，日本把滿洲視為日本的「特殊利益」、「生命線」，依靠軍事力量追求狹隘的國家利益。日本以自以為是的「大東亞共榮圈」理念，孤立於國際社會之外，武斷地發動沒有把握和勝算的戰爭，結果導致失敗。事實表明，日本的確是錯誤地理解了國家利益。政策制定者的責任極為重大。作為反面教材，戰後，日本人對於國家利益的討論始終保持「低調」狀態。半個世紀已經過去，日本所面臨的形勢不容樂觀：冷戰格局已經解體，國際形勢發生了劇變，日本經濟高速增長的時期已經終結，國內狀況遭遇挫折。在此過程中，「國家利益」的話題重新登上政治舞台，媒體言論界也密切關注，大家廣泛討論。此時此刻，我們有必要捫心自問：「時至今日，日本人究竟有沒有認真思考過、深刻討論過國家利益？」

國家利益界定的失誤，必定導致國家衰退。國家利益是國家的根本，也是外交的根本。自戰後以來，沒有一個時代比今天更迫切需要認真思考「根本」的了。冷戰結束後，國際新秩序還未形成，國際社會依然處於「變革與混亂」中。全球化與資訊化不斷深化，市場經濟已經在世界範圍內鋪天蓋地。民族、宗教等矛盾頻發引起的各種紛爭更為深刻。貧富懸殊、傳染病、環境污染以及改變人們安全觀的恐怖主義、核武器擴散等，則是全球化給人類蒙上的陰影。這些都是影響世界和平與穩定的不確定性因素。尤其引人注目的是，「九一一事件」給美國人帶來了巨大震撼，使得作為超級大國的美國不得不面對新的敵人，動員大量的國家資源，發動反恐戰爭。另一方面，已經「走出冷戰」的歐洲逐漸以超越國家、國家利益的形式，耐心地整合並擴大「歐洲共同體」，這的確是歷史性的實踐。相比之下，東亞地區還依然面臨著朝鮮問題等「冷戰後遺症」。日本的安全保障一直處於既不透明又不穩定的環境之下。處於經濟高速發展時期的中國，正在改變著東亞，乃至世界的政治經濟藍圖。伴隨著經濟上相互依存度的日益加深，東亞地區開始摸索「東亞共同體」的區域合作模式。以上事實正在考驗著日本外交的真正價值取向，也考驗著日本外交的「根本」，即國家利益如何界定。

戰後快速取得「復興」，成為世界第二經濟大國的日本，今天正處於十字路口、面臨轉折時期。「修憲」問題、經濟結構改革、年輕人的素質和道德下降等教育問題、少子高齡化社會下的社會保障體系的重建等，眾多課題擺在日本人面前，形勢刻不容緩。內政與外交都迎來「多難」的時期，日本究竟該走向何方？

回到「根本」，重新探索日本的國家利益，這是我寫作本書的動力之所在。「國家利益與外交」這一話題不僅是對「如何確保日本的安全與繁榮」的思考，還牽涉到「日本如何塑造國家形象」或「日本人如何生存下去」的探究。本書探討這些「大課題」，究竟在多大程度上解開了「根本」，還是個未知數，只能說「還在路上」。但願讀者能夠對本書沒有忌諱地進行批評指正，以便今後進行更加廣泛而活躍的討論。同時，我由衷地希望，本書微不足道的研究能夠成為大家從各種視角，深刻討論國家利益和外交的第一步。

二戰後，逐漸擺脱戰敗國的身分、回歸國際社會的日本，一直沒有明確而公開地表述過自己的國家利益。然而在日本國內，無論是媒體還是外交界，對國家利益的爭論由來已久。在全球化的今天，是一味追求本國的一國利益，還是謀求共同進步的國際利益？在亞洲，中國的崛起對日本又意味著什麼？日本應該怎樣與中國相處，共同實現亞洲地區的和平與繁榮？

——摘自《日本走向何方》前言

38 走向「輿論決定外交」的時代

當今社會已經很多元化了，人與人之間就需要多角度的溝通了。就中國對外政策而言，民衆佔有的成分多了，外交官的處境就變得前所未有的困難，來自輿論的壓力很大。外交民主化時代，內外交往怎麼妥協，到底怎麼主張？外交已經是一種複合體了。我想，「民間外交」是不可忽視的，外交也需要來自民間的力量和支持。當代社會，在任何地方、任何時候，都需要無數個「民間外交官」。當代人對外交的定義和認知務必與時俱進。

具有國際視野和開放心態的外交官需要具備哪些素質？

首先需要有很高的語言能力。對於一個外交官來說，對對方國家的語言文化、歷史傳統、思維方式等理解極爲重要。可以說，每一個外交個體的素質決定一個國家的外交水準。之所以需要掌握對方國家的語言，是因爲外交官不僅需要與相關部門進行談判，還需要把本國的國情、歷史、文化等，用對方的語言，以對方能夠接受的表達方式，去傳播給對方國家的人民。外交官的「傳播力」前所未有地重要。

其次是換位思考，這是相互依存、溝通的根本道路。己所不欲，勿施於人。外交從業人員隨時都要考慮對方的感受，尤其是輿論整體的感受。外交官要保持開放的心態（open mind），盡量把自己開放起來，而不只是閉在屋子裡進行情報分析。在我看來，有些日本駐華外交官過於封閉，其交往範圍過於狹窄，只是跟對方國家政府部門的人打交道。我不知這是制度原因還是觀念原因。但從二十一世紀「輿論與外交」不可分割的關係看，對於一個駐外工作人員來說，積極與對方民間社會打交道，以自己的言行促進交流過程，在對方民眾面前樹立良好的形象，和諧的形象，變得極爲重要和迫切。

> 四、雙方確認，兩國互為合作夥伴，互不構成威脅。雙方重申，相互支持對方的和平發展。雙方確信，堅持和平發展的中國和日本將給亞洲和世界帶來巨大機遇和利益。
>
> 中國自改革開放以來取得的發展，給包括日本在內的國際社會帶來了巨大機遇，日方對此表示積極評價。中國願為建構持久和平、共同繁榮的世界做出貢獻，日方對此表示支持。
>
> 日本在戰後六十多年來，堅持走作為和平國家的道路，通過和平手段，為世界和平與穩定做出貢獻，中方對此表示積極評價。雙方同意就聯合國改革問題加強對話與溝通，努力增加共識。中方表示重視日本在聯合國的地位和作用，願意看到日本在國際事務中發揮更大的建設性作用。
>
> 雙方堅持通過協商和談判解決兩國間的問題。

這是二〇〇八年五月七日，國家主席胡錦濤和日本內閣總理大臣福田康夫在東京簽署的《中日關於全面推進戰略互惠關係的聯合聲明》部分內容。這段最高領導人之間的「思想共識」和「相互認知」，在我看來是使得中日關係走上更高一層台階的核心內容。兩國首腦都承認了對方的發展與現狀是和平的，中方承認日本戰後的走向是和平的，日本承認今天中國的改革開放是和平的。這是具有核心意義的「相互認知」，爲中日兩國今後營造健康的輿論環境起到決定性的作用。我重申，對於雙邊關係來說，輿論界的認知決定決策者的方針。因此，輿論的作用以及爲此奠定基礎的政治家之間的相互信任、交往狀況、資訊傳播，變得史無前例地關鍵。

從歷史格局來看，一九三〇年代的時候，日本採用了過高、過分看待、實行自己國家利益和主權的政策，最後造成無人能控制的局面。軍部統治的形式對日本人民也好，對中國人民也好，對亞洲人民也好，都帶來了深重的災難。大家討論「開放的國家利益」，是本著對戰爭時代的反思，今天在世界的各個角落，戰爭也沒有停止下來，無論其規模和性質如何，武裝衝突每天都在發生。

任何國家都有國家利益。今天的國際關係還在維持著一六四八年以來的西發里亞條約，就是主權體系，就是由民族國家組成的形式，這種格局還會持續很長一段時間，直到超越聯合國「世界政府」的出現。我們無法想像哪一個國家出賣主權？不可能的。有主權就有國家利益，就是國家利益之間的不衝突是不可能的，所以我們才需要外交談判，盡可能和平、雙贏，而不是暴力、零和博弈的談判。

外交談判是非常微妙、複雜的過程。有些民衆對此有誤解。「憤青」同志們主張外交部非徹底保護國家利益不可，貿易、知識產權、東海、釣魚台、歷史問題等等，都要贏過日本。但現實是，中國有國家利益，日本有國家利益。老百姓要求本國政府把利益關係的百分之百都拿走，否則即判斷政府軟弱，不夠愛國？這種說法實在愚蠢、幼稚、落後，這樣要求外交部的民衆完全歸結於「愛國賊」。

要求一〇〇％的利益就等於〇％，就是不要利益。這不切實際，兩個主權國家之間的外交談判不是這樣的，是必須靠著時間和交流，一步一步完成的歷史使命。對於有效的外交談判來說，健全的輿論是最重要的後盾。如果一國的民衆向政府要求一〇〇％的利益，否則反對或否定政府存在的合理性，那只能把這些民衆判爲「愛國賊」。可憐的是政府，被同情的是這些無知、無恥的「愛國賊」。

不過，就「輿論與外交」的關係而言，有一點必須指出，即雖然今天是外交民主化、大衆化、多層化的時代，輿論對此的作用和影響仍然很關鍵。然而，外交有著它本身不可侵犯的神聖性，有著輿論無法干涉的「禁區」。外交本身的性質和特徵決定，若在一個國家內發生輿論對外交談判的全面干涉，此國就無法正常制定、推行外交政策。比如，東海油田開發問題的談判是典型之典型。

從東海油氣田問題的實質性和敏感性來看，我們只好擔心此問題對整個中日關係的健全發展產生如何的影響。中日在相等於中日和平友好條約締結三十週年的二〇〇八年，剛剛簽訂了立足於全面推進戰略互惠關係的《第四政治文件》。二〇〇九年從如何繼承新的政治共識的角度看，也極爲重要。兩國政府需要克服來自輿論的壓力，冷靜處理這一長期性的敏感問題。

第一，關於東海油田合作問題，雖然中日兩國二〇〇八年六月達成了原則性共識，但實際上雙方對這一原則共識的理解和立場依然不同，比如，「共同開發」和「合作開發」之概念的區別等。在如此微妙而敏感的形勢下，談判還處於嚴肅而封閉的狀態，即東海油氣田問題需要通過「外交談判」來逐步解決，而不是動員政治家、媒體、國民等展開全民討論的方式來推動解決的進程，這一點，我們普通老百姓非明白、理解不可，讓我們共同把希望寄託給外交部吧。第二，由於上述原因，兩國的媒體不要過多煽動在談判過程中所發生的一系列動態和細節，只要把事實關係報導清楚，就等於負好責任了。國民則不要跟著煽動性的媒體報導陷入情緒化，談判實質與媒體報導之間，依然存在比較深刻的鴻溝，那是無法彌補的，咱們抱著耐心和信心等待新的成果，爲的是自己的利益，更是區域的和平與繁榮，我確信，也承諾，中日兩國一定會從中獲利。

重申一遍：日本不會再走向軍國主義

在中國，「賣國」似乎是一項很重要、常見的指控。很多民衆經常用「賣國賊」來形容某群人。其實正在氾濫的無疑是「愛國賊」，就是打著愛國的口號旗幟，實際上做出不利於國家利益、形象的事情的人。「愛國賊」隨處可見，報紙上、電視上、大街上、政府上、商場上……這些人往往都是弄不清眞正、客觀意義上的國家利益的人。一個人做出某些行爲的時候，首先要冷靜下來思考，你的行爲是促進國家利益還是阻礙國家利益，這才是具有愛國意識的合格公民。

今天後冷戰時代的日本國家利益與戰前、戰後截然不同。我們的觀念、立場必須實事求是。戰後日本從被美國改造開始，隨後始終本著戰前錯誤行爲的反省，回歸國際社會，這個過程有過折騰，正在折騰，還會折騰下去，但我們是本著《和平憲法》，展開和平外交，奉獻給和平世界。

二戰後的日本集中發展經濟建設，在安全保障方面，很大程度上依賴美國，即站在美國一邊，被美國核保護傘維護著。與今天中國的生存、發展環境相同，當年的日本也是在相對和平、安全的國際環境中發展本國經濟的。許多中國人，甚至日本人有著很深的誤解，以為日本完全、純粹地依靠美國，沒有自主，只能追隨美國。

實際上不是這樣的，我們對美國的態度和政策也不是一邊倒。比如一九六〇年修訂《日美安保條約》的時候，許多大學生、言論人士站起來，反對政府對美國的妥協和靠攏。果然，戰後日本社會始終存在著健康、多樣的輿論環境，這也是基於對戰前國家主義的反思和教訓。反正，戰後日美關係也有過很多折騰。但我們本著《和平憲法》，本著外交三原則，以聯合國為中心，與自由主義陣營協調，作為亞洲國家的一員去回歸國際社會，參與國際社會。這種過程是比較明顯，我們今後還會保持這種日本同盟、亞洲外交、聯合國一員這樣一個大原則去推動。

我知道，很多中國朋友一直很擔心日本的軍國主義還會不會「復蘇」？但是這種可能性至少在我看來幾乎為零。日本人很清楚，現在哪一個日本人能夠接受日本再走向失控，再被軍部控制、壟斷。我是不願意，很多人也不願意接受的。中國朋友們到日本之後一定會發現，日本社會不是充滿軍國主義色彩的，是平靜、安定、和睦的社會。但我也可以理解，中國人為什麼因某些政治家行為等聯想當年的軍國主義，並與日本未來走向結合在一起。歷史認識問題出來了，日本某首相去參拜靖國神社了，這些現象是不是意味著日本軍國主義重新復蘇？這是許多中國人採納的思維和邏輯。我對這種邏輯是不接受的，只是說可以理解為什麼中國人這麼聯想。畢竟，中國人在當年的戰爭中是被侵略者，隨時警惕對方舉措是應該的，更何況當今中日實力對比前所未有地靠近。

中日之間需要相互理解，日本政府也應該以行動去表達我們不會回到戰前的國家主義、軍國主義。我們有決心堅持走和平的道路。二〇〇八年五月，胡主席訪問日本時的亮點之一，就是兩國領導互相承認對方走的國際道路是和平的，中方承認日本戰後的走向是和平的，日本承認今天中國的改革開放是和平的，這種相互認知很重要。我很相信，在國際政治上，很大程度上是認知決定政策，政策決定成敗。對現狀的認知是個出發點。政策並不來自於客觀現狀本身，而是各個決策者、各個參與者對現狀的理解和認識，決定了對對方的政策。總之，相互認知很重要。

39 奧運拉近中日民間情感？

球迷的「反日活動」

二〇〇四年八月七日晚上，中國對日本的亞洲杯男足決賽在北京舉行。結果是一比三，中國輸了，日本贏了。當時我就在北京工體的決賽賽場裡，記得很清楚，當時大部分中國球迷自始至終痛罵日本隊，在日本國歌播放的時候，許多球迷拒不起立，繼續痛罵。比賽結束後，數千個球迷留在操場外，並大喊「抗日」，火燒日本國旗，砸壞了日本駐華使館兩位公使正在乘坐的汽車的玻璃窗。形勢嚴峻，氣氛惡劣。日本隊隊員與球迷只好在操場內固定的場所「避難」兩、三個小時，隨後悄悄地離開操場，返回飯店。

當時，決賽觀眾總共只有五萬人，從事安保的警察卻有一萬兩千人左右。中國部分球迷在那屆亞洲杯賽事中的「反日活動」，在中日關係史上留下了痕跡。從那時開始，中日兩國均有人對四年後的北京奧運會表示擔憂：屆時中日之間的比賽會不會發生類似的事情？後來，兩國專家們開始研究四年前亞洲杯男足決賽期間反日事件的背景、原因、影響等。

這種擔憂與焦慮也許並非多餘。

二〇〇八年八月十五日晚上，也就是那場事件過後的四年零八天，第二十九屆奧運會女子足球四分之一（八強）決賽，將在北京旁邊的河北省秦皇島市舉行，「交戰雙方」便是中國隊和日本隊。這一天之所以不同尋常，還有另外一層意思：這一天是日本二戰投降六十三週年紀念日。回顧這四年來中日兩國走過的道路、經歷過的風雨，今晚的這場比賽也許有著特別重大的意義。

爲了安全、順利舉辦這場比賽，兩國有關當局正在以謹慎的態度加以準備。根據不願意透露姓名的奧組委人士的介紹，秦皇島奧林匹克足球場預備的席位中，大概三分之一的席位是由已經受過訓練或指導的觀衆（如大學生、志願者、警察及其家屬等）所佔據，然後再由他們去維護場內秩序，控制部分球迷罵聲、投垃圾等不文明行爲，同時全方位應付不確定的突發事件。此外，日本駐華使館也將把公使等幾位外交官派遣到秦皇島，並跟當地政府官員進行溝通。兩國政府再也不願意看到類似四年前的局面重演，所以雙方合作起來應付今晚的比賽。

事先的預測

不過，我事先就認爲，那晚中日間的女足比賽應該不會出什麼事，理由有三：

第一，這場比賽畢竟是女足賽，而非男足賽。一般來說，男子比賽的「戰鬥力」無論是隊員還是球迷，都比女子比賽強得多。中國警方的有關官員昨天對我說：「明天比賽的危險程度，比國奧（奧運隊）參與的比賽差十倍。」雖然選手是充滿戰鬥精神的運動員，但畢竟是女性，「禮儀之邦」的球迷或觀衆們應該不會以極端或野蠻的方式去對待她們。

第二，這場是世界性和平盛典奧運會的一部分，東道主一定會在與國際奧組委充分溝通的基礎上，全力以赴完成安全方面的工作，再加上上述的中日合作機制，「出事」的可能性不大。例如，中國組委會特意安排福田首相訪問過的方家地實驗小學學生組成啦啦隊，爲日本加油。

第三，也是最重要的因素，是最近中日關係相對穩定，民衆之間的相互認知也趨於理性。綜觀今年上半年的兩國關係，中國國家主席胡錦濤實現了歷史性對日國事訪問，兩國共同發表了《第四政治文件》，倡導全面推進戰略互惠關係，應該說，雙邊關係已經踏上了更高的台階。胡主席回國後第三天，四川以及周邊地區遭遇了大地震。作爲「地震大國」的日本國民發自內心同情災區災民，主動提供物資援助，天災反而加強了兩國國民的信任關係，縮小了感情隔閡。北京奧運前夕的中日關係應該說是相對良好而穩定的。但願今晚不出什麼事，體育歸體育，政治歸政治，兩國選手能夠純粹打比賽，加深友誼。

比賽開始後，我也很快打消了疑慮。現場氣氛很好，選手們本著運動員精神，觀衆們本著體育歸體育的精神參與這場比賽，啦啦隊的表現也很有序。

中日兩國人民正在藉北京奧運爲契機展開情感外交，來促進相互理解和信任。

日本運動員盡顯「中國元素」

不只是我，觀看過奧運會開幕式的中國觀衆也感受到，奧運確實拉近了中日兩國人民的情感交流。

而讓中國觀衆興奮的，還有日本運動員在奧運賽場上展現出的「中國元素」。在順義奧林匹克水上公園，日本隊的選手在自己的隊服上印上漢字，他們說，這是爭取在比賽時讓中國觀衆更容易辨認他們的國別，爲他們加油。

在體操賽場上，日本選手鶴見虹子的自由體操選擇了旅日華人音樂家吳汝俊的伴奏曲。曲中，京胡的演奏令現場的中國觀衆倍感親切，而鶴見虹子在其體操動作中舞出類似少林拳的動作，更激起了一片喝采聲。

中國觀衆的「最愛」還是一直在中國訓練打球的福原愛。八月十四日，當福原愛對陣澳大利亞華裔選手苗苗時，現場觀衆一邊倒地爲「瓷娃娃」加油。「別輸！」「福原愛，加油！」助威聲此起彼伏。據日本記者報導，有中國觀衆花費一千元人民幣（約新台幣四千五百元）買來「黃牛票」爲福原愛鼓勁（打氣），這位觀衆說，只要「瓷娃娃」參加的比賽，他「都會來爲她加油」。

難怪賽後福原愛用流利的東北話接受採訪時表示，「感覺北京像是我的主場。」

日本發行量最大的《讀賣新聞》，也注意到了中國觀衆對日本選手的熱心和尊重。八月十一日晚，《讀賣新聞》刊發文章稱，中國觀衆在觀看奧運會比賽的過程中遵守禮貌。

文章說，在游泳比賽的頒獎儀式上，中國觀衆向獲得金牌的日本運動員北島康介送去了熱烈的掌聲。當奏起日本國歌時，中國觀衆也都揮舞中國國旗表示祝賀。八月十日晚，當獲得男子六十六公斤級柔道冠軍的日本運動員內柴正人在接受頒獎時，全場數千名中國觀衆幾乎全部起立，安靜地聆聽了日本國歌的演奏。一名北京觀衆告訴《讀賣新聞》：「冠軍不分中國人或日本人，我們當然應該表示敬意，何況中國還是主辦國。」「作爲親眼目睹近幾年中日關係風雨曲折的年輕人，看到中國觀衆爲日本加油的場面，我很開心。」

日本使館提醒觀衆「守規矩」

除了中國觀衆熱情好客，事實上，良好氛圍的營造也離不開日本觀衆對賽場規定的遵守。日本駐華大使館特意在奧運會前就提醒本國遊客：不要攜帶寫有「日本加油」的助威旗幟等物品進入比賽現場。大使館印刷了四萬五千本注意事項的宣傳冊，通過旅行社等散發給前來觀戰的日本人。此外，在奧運期間，日本大使館還派出了數名工作人員前往足球、棒球等觀衆容易衝動的比賽現場，以保證賽事順利進行。

長富宮飯店「日本之家」的工作人員告訴《國際先驅導報》，爲了藉奧運增加中日兩國人民的相互瞭解，長富宮的一樓服務中心每天都在展出赴中國旅遊、出行的生活常識。而大使館發給遊客的宣傳冊上，除了呼籲日本遊客遵守觀戰規則外，亦標注著在華觀光的點滴提醒。

賽場上中日間的友好氛圍是中日關係近來有所緩和的成果體現，是良性循環的開始。兩國政府近來爲中日關係回暖做了很多工作。在政府倡導下，民衆響應號召，開展更多民間交流，由此再進一步推動政府間合作，是步入了一個良性循環。我認爲，民衆積極理解政府在內政和外交上的處境和困難，主動配合並支持它，無疑是「愛國主義者」的表現。

中國民衆自發萌生出的對日本友好的情感，現在才開始形成。以韓日關係爲例，不能指望通過一個體育活動，把中日之間的歷史問題一筆勾銷。

北京奧運作爲一個和平性質的契機，將推進中日兩國政府簽訂的戰略互惠關係，促進國民之間的相互信任。當時，提倡以在與美國和中國的關係中尋找平衡點爲宗旨的「共鳴外交」的福田康夫首相出席了開幕式，當天下午，他也與胡錦濤主席會見，共商合作。隆重的奧運開幕式充滿了中國的獨特風格，作爲曾經從中國學習到儒家思想、漢字文化的鄰國，我們日本人對此感到非常親切。

北京奧運開幕時，東京等關東地區的平均收視率達到了三七·三%，最高峰時達到了四八·二%。日本代表隊入場時，在中國人氣很高的日本乒乓球選手福原愛作爲旗手，日本運動員也都拿著中日兩國的國旗，與中國觀衆們交流。奧運開幕時，日本代表團提倡的也是：中日兩國運動員共同努力取得好成績；中日兩國人民共同享受奧運氛圍，以此爲契機促進相互理解與信任；中日兩國共同攜手解決矛盾，面向未來。這三個「共同」，反映出的是「和平與發展」的奧運精神。在接下來的時間裡，中日選手們如何表現？如何共勉？值得我們關注。奧運結束了，二十一世紀的第二個十年，中日關係能否更上一層樓？這才是值得我們關注的。

40 體制是完善而非埋怨

中國進步得益於「體制優勢」

二〇〇九年八月二十三日，柏林世界田徑錦標賽的最後一天，中國二十一歲的選手白雪奪得女子馬拉松冠軍。此外，周春秀和朱曉林也進入第四、五名，中國隊拿下馬拉松世界盃團體冠軍。中國國歌在美麗的柏林登場，筆者目睹了升旗，並再次認識到中國所具備的「體制優勢」。

去年的此刻，我於北京參與了奧運會的新聞報導。記得，盛典結束的前一天，中國的金牌爲四十九枚，最終日賽程並不有利於中國拿獎牌。結果是，中國以金牌五十一枚、獎牌一百枚，打敗了美國，爲祖國奪取了政績和榮譽。中國人民的自尊心達到了高峰。在現場，連老外的我都不得不感覺到：中國人是有潛力創造奇蹟的民族。

其實，前兆早就有開端。第一應該是去年三月。奧運聖火傳遞在倫敦、巴黎等場地遭到「人權人士」攻擊的嚴峻形勢下，中國人，包括海外華人團結在一起，維護了祖國的自尊，展開了反擊。當時，海外批判中國的理由是，中國當局處理「三一四」西藏事件的方式不妥當。「五一二」四川大地震使得中國人深刻認識到自然災害是會發生的，無論是平時還是奧運前夕的關鍵時刻。當局則很著急，距離奧運已不到一百天，國內亂了怎麼辦？就發明「把壞事變成好事」，反而凝聚了國內團結力，鞏固了黨的權力基礎。

經過平安完成奧運任務，全世界關注，甚至「期待」中國「後奧運」怎麼走。九月，雷曼兄弟破產了。金融機構的破產就像水壩潰決似的，累積是漫長的，潰決則一瞬間。世界陷入金融危機，已廣泛而緊密融入國際社會的中國內政自然而然也受到危機的影響。出口的下滑、成長率的低迷、就業率的降低、漂泊者的增加……黨政府就開始向全國人民解釋「危機」的眞正內涵，灌輸「危」中有「機」，中國能挺住過來，能「保八」，應該有信心。在此情況下，中國也有力展開了對外政策，趁機再次表明自己有決心成為國際社會的利益攸關者，扮演負責任的大國，與超級大國美國同舟共濟。

否定體制不是中國民意主流

從「多事之年」至今，中國人對國家、黨、政府的意識有了驚人的提高。在充滿「壞事」和「危機」蔓延的這段時間，我走遍全國的城市和農村。感受到的是，無論是大學生、白領還是計程車司機，都渴望自己的領導人能夠表現得很好，不屈服中國威脅論。北大學子說：「我黨很厲害，完全能夠跟西方對著幹，薩科齊來不來開幕式有什麼關係?!不影響我們辦好奧運」；河南農村的失業者說：「領導很棒！祖國萬歲！」當然，對祖國忠誠的背後，普遍存在的是當代中國人的排外意識和盲目自大。中國人正在積極向上，覺得自己「很牛」（厲害）可以理解，也很正常，但只強調「對內」服從，而忽略「對外」從容，絕不是現代化。「抵制法貨」不是愛國，更不是無罪。

二〇〇三年來華後，我對「體制」本身進行了反思。所謂西方的民主政治，其合法性是來自於「選舉」，只要政治走這一程序，老百姓就認同執政黨統治自己。出了問題，還有退路。再選舉，換領導。而中國不同，中國統治者的合法性是來自於「表現」得如何，實際上是無路可退，只能表現得好，否則老百姓不認同自己，有理由造反。非「保八」不可，人民才能有信心面對現實，經營生活。從奧運年到建國六十週年，再到世博年，應該說，執政黨對老百姓的統治是比較「成功」的，對民意的引導則處於相對良好的狀態。

談到中國人是否正在否定體制，答案肯定是「否」。理由之一如前所述，歸結於黨的表現。作爲理由有二，老百姓對「否定體制」有著什麼具體的概念和準備嗎？「否定體制」首先要求老百姓有意志參與決策過程。我知道，北京的司機對國際關係很感興趣，每天讀報紙；北大的學生對國家大事很感興趣，每天談政治。但你們眞的有決心參與政治嗎？對此，我充滿懷疑。中國大部分老百姓遠遠沒有具備「成爲社會的一分子」的公民意識和素質，只是發牢騷而已，這個誰都能做到。那麼，其他所謂發達國家的老百姓如何？其實也差不多。無論是美國大選前夕，還是本週末即將迎來歷史性大選的日本政治，眞正有意志和決心參與，並影響政治過程的百姓屬於少數，何況否定體制？

41　內政的衝突與外交的作用

二〇〇八年對中國和日本來說，是兩國締結和平友好條約的三十週年，是日本始終支持的中國改革開放三十週年，意味不尋常，應該認眞進行反思，因而從中吸取教訓。

三十年前，日本正處於經濟高速成長期，在亞洲國家中領先實現了現代化。中國則剛擺脫文化大革命兩年，經濟水平處於滯後。兩國簽訂和平友好條約，中國明確改革開放方針後，日本政府立刻決定向中國提供政府開發援助（ODA），支持中國的經濟發展，促進兩國經貿聯繫。至於日本對華ODA，無論從哪方面看，都是「雙贏」的。

不過，它是「不平衡」的。在兩國以「發展」爲共同的事業，加強交往的過程中，大家總有一個觀念，即「日本向中國給了什麼？」和「中國從日本得到了什麼？」，是「給予」和「索取」的關係。如此「單純」的關係給兩國人民產生的感受反而相對踏實，比較穩定。這是「史實」。中日走過了三十年。

今天，中日之間交流多了。貿易額、投資額、航班數、友好城市（姊妹市）、高層對話、文化交流、軍事交流、青年論壇……中國和日本已經從簡單「一衣帶水」走向了複雜「相互依存」

的關係。因此，摩擦多了，誤解也深了。再過三十年後，今天的狀況也將成爲「史實」。中日將走向下一個三十年。

兩個既相同又不同的史實，使得我們當代人醞釀以史爲鑒，面向未來的責任心。前提則是正視現實的使命感。站在歷史的拐點，面對著錯綜複雜的外交關係，我願意提出近年來始終無法擺脫的問題意識：中日關係中的「問題來源」是什麼？與其說兩國對外交關係的處理不恰當，不如說兩國之間內政的衝突不斷深化？

「外交是內政的延伸」是世界上各國政府和人民都能夠達成的思想共識。問題是，內政究竟如何延伸到外交？中日內政與外交呈現出什麼樣的關係？假如兩者的關係不健全，又應該如何加以對待？

內政衝突的雙重層次

中日內政的衝突確實影響著良性的外交關係。兩者絕不是「單純延伸」，而是「複雜互動」，有時甚至陷入「惡性循環」。我先討論一下內政衝突的兩種層次：

一，政治體制層次

「日本首相經常更換」一直使得中國人感到日本政治不值得信任，「不靠譜」。我曾在中國多種場合聽到類似「因爲日本首相經常變化，所以中方沒法制定比較長期的對日戰略政策」之疑惑。實際上，日本確實老換首相。二〇〇六年九月以來，安倍和福田兩位首相都執政不到一年就辭職，而現任首相麻生太郎的支持率也是勉強「保十」的水平。前一陣子，民主黨黨魁小澤一郎也遭到圍繞政治獻金的來源一事被逮捕的困境。「醜聞政治」再次令國民感到厭煩。這些「怪象」到底從何而來？選舉制度、國際形勢、媒體輿論的壓力、國民對政治的不信任、人才不足等，是直接而深遠的原因。如何在實現健全競爭的選舉環境下，培養能夠承擔國家未來的人才？日本政治恐怕還有一段路要走。

「中國政治不民主，體制改革滯後不前」，一直使得日本人感到中國政治不值得信任，「不靠譜」。我曾在日本多種場合聽到類似「因爲中國體制不透明，所以日方沒法制定長期的對華戰略」之疑惑。實際上，中國確實不夠民主，也不夠法治。雖然中國從毛澤東時代就開始提倡「人民民主專政」，鄧小平有力推廣過「社會主義民主政治」，隨後江澤民、胡錦濤也正確繼承前領導的方針，甚至呈現出先做好「黨內民主」的重要態勢。在民間層面，雖然圍繞「要不要民主」始終有爭議，「穩定壓倒一切」似乎略佔優勢，但有些人士確實正在努力，主張「民主是個好東西」。可是，談民主不見得有民主，中國民主顯然停留在文件、口頭的水平上。至於法治，也是一個道理。有憲法不等於憲政，有法律不等於法治。中國政治恐怕還有一段路要走。

二，歷史認識層次

中國人民基本上清一色認爲「日本人總不反省歷史，不懂歷史」。在小泉純一郎就任的二〇〇一年四月至二〇〇六年九月的期間內，由於他反覆參拜靖國神社，始終遭到中國政府和人民的強烈指責和痛罵。雖然小泉在任期內一貫主張：「中國的發展對日本來說不是威脅，而是機遇」，但在中國人眼裡，小泉簡直成爲了「歷史的罪犯」。小泉下台後，中日關係「表面」取得回暖，但一旦發生敏感事件，比如〇九年初引起軒然大波的釣魚台問題，以及日美承認「釣魚台是日美安保條約的管轄之內」。中國人民毫不懷疑地跟從大衆化媒體的商業化報導，攻擊日本。在那一刻，中國人的腦海裡，日本人是無視歷史的、缺德的民族。

日本國民基本上清一色認爲「中國人老提出歷史問題，總有話說」。在小泉參拜靖國神社的期間內，中方領導堅決拒絕與他見面，「主動」停止首腦會談。日本國民，包括政府官員、媒體人、普通老百姓都覺得中方採取的措施不可思議，主張首相參拜靖國神社和中日關係往前發展是截然不同的兩碼事。二〇〇五年在成都、廣州、北京、瀋陽、上海等地方發生的所謂「反日遊行」中，中國一部分遊行者、抗議者「襲擊」日本大使館和餐廳，政府卻沒有表示道歉，也沒有賠償損失部分，堅持「原因在於日本首相不恰當的行爲傷害了中國人的感情」。在那一刻，日本人的腦海裡，中國人是做事不合理、不遵守國際規則的民族。

「政治體制」與「歷史認識」從最近中日交往的實態看，是內政衝突的雙重背景，衝突的內涵則是「信任危機」，始終糾纏外交關係的順暢運行，十分不利於中日長期健全的發展。兩國之間的某一個領域遇到問題，雙方都把問題歸結於政治體制，解決不了問題就把原因歸結於歷史認識。今天中日關係的信任機制簡直是「空白」的。

在如此「不確定」的形勢下，兩國各界人士必須想方設法尋找彌補「信任空白」的道路。不過，從現實主義的立場出發，由於中日政治體制和歷史認識面臨的局勢具有長期化的特徵，通過動員現有資源，發揮現有智慧的方式改變體制與認識，彌補空白必將受局限。面對著「問題的局限性」，我們只好從不同的視角尋找解決的可能。中日怎麼辦？

化解內政衝突的三條道路

「總有辦法，永不放棄」。中國人和日本人都不應該忘記這條哲學思想。筆者認爲，中日應該通過加強、深化三種方式，盡可能避免政治體制和歷史認識浮出水面，導致信任空白。

一，首腦外交的機制化

無論如何，「政治」是國家關係的根本所在。兩國首腦頻繁、定期的接觸能夠展示兩個好處，首先能夠向全國民衆展示兩國之間友好的關係，其次能夠在最高領導之間開誠布公談論熱點問題。首腦外交的「象徵」和「實際」的意義在當代外交中是至高無上的。根據去年胡錦濤訪日期間雙方簽署的《中日關於全面推進戰略互惠關係的聯合聲明》，「雙方確認，增進政治安全互信對構築中日戰略互惠關係具有重要意義。雙方決定，建立兩國領導人定期互訪機制，原則上隔年互訪，在多邊場合頻繁舉行會晤」。除非日本首相再次參拜靖國神社，中方則拒絕雙方會面，筆者估計，首腦外交陷入停止狀態的可能性不大。

二，頻繁、廣泛的交流

當今中日關係與三十年前的最大不同，在於交流的頻繁和廣泛。經貿關係始終率領兩國整體關係，中國已經成爲日本最大貿易夥伴；人文交流逐步走向了從官方到民間的過程；「高官對話」的活躍前所未有。二〇〇九年三月底，國務委員兼國防部長梁光烈在北京八一大樓，與日本防衛大臣浜田靖一舉行會談，發表了《中日兩國防務部門聯合新聞公報》。緊接著，第十一次中日安全對話在東京舉行。外交部部長助理胡正躍和外務省外務審議官佐佐江賢一郎分別率外交、防務部門有關官員，就各自國防政策以及國際區域安全形勢等交換了意見。相對於首腦外交的作用是爲兩國關係奠定政治基礎的，經貿、高官、社會文化、青少年、文藝等交流是實實在在支撐、推進中日關係的根本基礎。兩者無疑缺一不可。

三，危機管理的具體化

只要首腦外交機制化，多層次的交流頻繁，廣泛開展，中日關係一定往前發展，不會錯過正確方向。唯一剩下的「不安要素」是「突發事件」的發生。二〇〇三年在西北大學發生的日本留學生辱華事件；二〇〇四年在北京舉行的亞洲足球杯決賽；二〇〇五年反日遊行；二〇〇八年毒餃子事件；二〇一〇年尖閣諸島撞船事件等，都是典型的突發事件。無論是社會、文化、民生、留學生還是商業行為，那些事件毫無例外引起兩國媒體的「關注」和老百姓的「感情」，造成兩國排他性的民族主義高漲。對於交流實態繁榮、國民感情卻相當脆弱的中日公眾來說，甲方的民族主義必然引起乙方的民族主義，兩者在相互作用中再次高漲，最終陷入無法控制的相互排斥、抵制的局面。在此情況下，雙方外交當局還能務實地實行政策嗎？雙方當局必須在充分認識到突發事件的嚴重性之前提下，建立兩國各界人士共同加以應付的方式和管道。其過程必須超越政治文件中的「確認」，跨越政府、媒體、民營企業、非政府組織、教育機構等行為體，具體建立聯繫管道，保持溝通，分享資訊，管理風險，明確任務，落實政策。

中國人和日本人都正站在歷史長河中的十字路口。正因為如此，我們才有必要充分認識到「與對方交流」，即「外交」的作用。筆者堅信，兩國各界人士不斷、踏實、誠懇的外交努力，能夠逐步化解內政衝突，使得跨時代的中日關係走向更高的台階。

42　日韓竹島爭端對尖閣諸島之爭的啓示

二○○八年七月，日本和韓國之間圍繞「竹島」（韓國名：「獨島」）問題爭論得很激烈。日本政府十四日公布的初中社會科新學習指導要領（教學大綱）解說書中，明確寫出「竹島（韓國名：獨島）」，引發韓國方面的強烈抗議，韓國駐日大使爲了表示政府的抗議表態而暫時回國。日本和韓國的國內人士也密切關注並討論這次爭端。此次爭端是否對今後日韓關係的健全發展帶來某種陰影？

對於政府十四日公布的結果，日本許多國內人士，包括政治家、媒體卻有所「不滿」。因爲，日本政府從日韓「外交關係」的正常發展考慮，在解說書中，「有意迴避」明確寫出「竹島是日本固有的領土」（韓國則明確在指導要領與解說書裡，描寫爲「獨島自古以來是韓國的領土」）。此次，寫成的首次說法爲「我國與韓國之間圍繞竹島存在主張、立場上的差異」，並且解釋說，「竹島問題與北方四島問題一樣，需要使得本國國民對領土問題加深理解」。解說書還謹愼與北方四島的情況進行對比，「北方四島是我國固有的領土」，在此基礎上對竹島描述說，「我國對竹島問題應該與北方四島同樣進行處理」。

從這段描述看，此次政府要求學校、教師「間接」向孩子們教育「竹島是日本固有的領土」。日本各界人士對此表示不滿，《讀賣新聞》十五日社論標題爲「學習指導要領解說書對竹島的記名甚至太晚」，文章重複「竹島無論是歷史上還是國際法上，都是日本固有的領土」這一政府的立場，並且在最後一段主張，「圍繞竹島的領有權問題的解決很艱難。正因爲如此，政府需要使得國民正確加深理解，向國際社會明確主張日本的立場。」

現狀表明，雖然日本政府對韓國政府做出了一定的「外交妥協」，這是毫無懷疑的事實，但是韓國方面依然強烈表示抗議。韓國駐日大使何時回來？也是未知數。此次爭端重新告訴我們領土問題的複雜性、艱難性、長期性。本國政府從維護主權，向選民負責的角度出發，絕對不能輕易妥協，因爲這是影響執政黨興衰、祖國未來的核心問題。日本政府十四日公開發表「妥協案」之後，向韓國方面也要求「冷靜處理眼前的爭端」。

日韓關係畢竟需要向未來發展，它理所當然不應該被歷史遺留的問題糾纏，停滯不前。衆所周知，「領土、領海」應該說是兩個主權國家之間最爲敏感而深遠的問題。它涉及的是國家的「主權」和「尊嚴」。解決領土問題的過程是相當漫長的。對於竹島（獨島）問題，日韓兩國今後還得經歷無數次談判、主張、妥協等過程。很有可能，「解決」只能留給下一代或下下一代，因爲領土問題也具有「不可人爲動搖」的神秘性。此時此刻，我不能不想起鄧小平同志給我們留下來的智慧。

日本、韓國都是主權國家。主權國家的政府有責任向下一代進行正確、客觀的教育。它涉及到國家的生存問題，很關鍵。因此，我很贊同日本媒體普遍的主張，即「政府必須向下一代進行正確的教育，對自己的領土加深認識」這一說法。不過，很令人頭疼，日本有日本的主張，韓國有韓國的主張，總之，各有各的主張，沒法有效磋商。這是歷史給人類遺留下來的挑戰。我也不知道怎麼處理才是正確的。

我至少很有信心地主張的是，我們不應該從「誰對誰錯」、「誰贏誰輸」的角度判斷領土爭端，否則一個主權國家在「內政」上沒法生存下去，兩個主權國家在「外交」上也沒法進行正常的交往。人類在歷史上面臨過許多領土爭端，也曾經以戰爭的方式加以「解決」。可是，從今天二十一世紀的視角看，對於我們來說，武力解決領土問題的空間相當微小，「解決需要時間」是因為我們當代人只好用「和平方式」加以解決。這是現實。我們就需要有耐心，帶著矛盾心態在內政與外交之間徘徊，是目前唯一的選擇。

最後，領土爭端絕對不是「誰對誰錯」的問題，是歷史給人類遺留下來的挑戰。大家知道，日本和中國之間還依然面臨「釣魚台爭端」，中國主張是自己的，日本主張是自己的。我認爲，雙方可以「各說各的」，畢竟是涉及到祖國主權與尊嚴的問題。我唯一的請求是，「兩國」人民能否冷靜下來，理性瞭解對方的主張內涵，帶著一點點包容看待對方政府的困境與人民的心態？至少我是這麼認爲的。

43 韓國人對日本的反感根深柢固

二〇〇二年，日韓世界盃足球賽，這是日本與韓國共同舉辦世界性體育盛典的一場歷史事件。當時，我在日本讀高三，還記得，六月十八日那一天，我帶頭從全校學生拿簽名，給校長看，目的是爲了讓學校決定全校停課，觀看日本隊與土耳其隊的比賽。我的目標勉強達到，全校學生都在同一個空間欣賞了這場比賽，結果日本輸了。雖然很遺憾，但日本在歷史上首次進入十六強，我們爲此而感到高興。

不過，令人感到更加興奮的是，不僅順利進入十六強，還打敗歐洲強國義大利和西班牙，最終取得第四名的大韓民國之存在。那一刻，我發自內心爲韓國及韓國人感到驕傲。那一刻，似乎也是我第一次內心裡產生「亞洲意識」的瞬間。

他們常有排外意識

日韓世界盃是二十一世紀後日韓關係中的亮點，它推動了兩國之間的外交關係，促進了民間多層次的交往和相互理解。「共同」這一產物給兩個不同民族帶來的影響與機會還是不容忽視的。

我二〇〇三年來到北京後，跟韓國朋友的接觸不少，我第一個室友也是韓國人。我所在的北京大學裡，似乎到處都是韓國人、韓國話。談到韓國人，在我眼裡印象比較深刻的是，韓國人相當重視傳統意義上的「等級關係」，晚輩對長輩的服從和忠誠是絕對的，長輩也毫無猶豫地照顧晚輩。他們的民族意識也相當濃厚，在某些重大活動或會議等場合，很清楚看到韓國人內部的凝聚力。但另一方面，由於其內部團結過於緊密而頑固，有時難免產生某種排外意識。在北大，韓國人的圈子趨於封閉，不透明，我們外國人就很難進入他們的圈子。當然，韓國人的性格也五花八門，我也有很多志同道合的韓國朋友。

韓國或韓國人在中國的「動態」，值得關注。韓國人最近在北京很雄心勃勃。著名的望京或北大、清華附近的五道口等地區，已經成爲名副其實的「韓國村」。三星、ＬＧ電子等國際品牌在中國已經無處不在，那些跨國企業跟政界、財團、學界、甚至當地留學生等合作也很緊密。我覺得，無論從「質」還是「量」來看，韓國正在跨行業、整體、不斷「加強」對華戰略、政策。從被號稱「親華派」的前總統盧武鉉到被號稱「親美派」的現任總統李明博，這條路線也基本沒變。李明博還在對華訪問期間特意改變計畫，專程訪問了四川地震的災區，與災民進行了親切交流。

韓國人始終反感日本

日韓之間近期發生了一件敏感事件。日本政府本月十四日公布的初中社會科新學習指導要領（教學大綱）解說書中，明確寫出「竹島（韓國名：獨島）」，引發韓國方面強烈的抗議，韓國駐日大使已回國，還表示「不想回去」。日韓之間複雜而深遠的歷史遺留下來的領土爭端，又給我們折射了一種艱難，它是否對今後日韓關係的發展帶來什麼陰影？還得繼續觀察。

其實，韓國與日本在歷史上存在各種淵源和交往。韓國人把從中國吸收的「漢字」傳播給日本，日本的許多國寶、建築等，也跟韓國的歷史文化密不可分。不過，談到「歷史」，我們總是不能避開日本對韓國長達三十六年的殖民統治。由於歷史遺留下來的各種因素，至今，慰安婦、教科書等問題，依然是給兩國關係、兩個民族帶來不確定性的不安要素。在日益繁榮的當代日韓關係的背後，始終隱藏的是韓國人對日本抱有的抵觸意識或反感。從此次韓國人對日本教育當局的措施以各種強烈而極端的方式表示抗議來看，它是根深柢固的。

日韓還是有合作的可能

著眼於未來，日本人還是需要認真思考如何與韓國人互相看待，打交道。最近一段時間以來，對日韓來說，正在「崛起」中的中國總是優先考慮的對象，在東亞地區，如何與中國建立良好的關係，對日韓兩國來說都是第一位。

不過，這一現象並不等於日韓關係不重要了。我則認爲，日韓關係的重要性和潛在性不斷增加。

日本人跟中國人一樣很喜歡韓劇《冬季戀歌》。據說，這部電視劇主角裴勇俊到達日本東京國際機場時，到處都是女孩子，我也不知在日本中年女性中有多少「勇迷」。日韓之間的人際來往也很頻繁，二〇〇七年，訪問日本的韓國人總共達到兩百六十萬人次，佔外國人訪日總數的三一・二%，韓國人訪日人數在國家、地區排名中，從一九九九年以來連著九年佔首位（台灣一百三十八萬人次、第二位；中國大陸九十四萬人次、第三位）。

日韓是在亞洲最先實現「現代化」的兩個國家，經濟發展水平、政治體制、價值觀以及語言文化觀念等，也比較接近，兩國也都是美國的「同盟」。日本人學韓語，韓國人學日語與其他語言相比，也相對容易。日韓兩國也正在探討自由貿易協定（FTA）如何制定等。看來，經貿上的互補性也將日益密切。

此外，從東亞地區的「均衡」來看，在美國、俄國、中國這三個政治大國的面前，「日韓合作」將是比較正面的因素。應該說，日韓合作的動力與可能性前所未有。

對我個人而言，韓國是很神秘的國家，韓國人是堅強、善於學習的民族。我會把他們當作朋友，繼續溝通。同時，作爲同一個亞洲人，如果日本人和韓國人都能爲亞洲的「復興」攜手合作，這將是一件欣慰的事。

44 歷史「認識」問題，需要「雙向」的努力

不存在「歷史問題」

有人說，中日關係當中最大的問題是「歷史問題」。我認爲，第一，「歷史問題」這說法是錯誤的。因爲，一九七二年圍繞「歷史問題」，即在第二次世界大戰當中的中日戰爭的處理上，中日兩國達成了共識（在這裡，討論當時誰強硬誰軟弱、誰多主張誰多妥協沒有任何意義），實現了邦交正常化。它意味著兩國政治外交意義上，「歷史問題」達到了解決。因此，嚴格的說，今天我們所面臨或討論的不是「歷史問題」，而是「歷史認識問題」，即我們如何認識當年所發生的歷史事件。

第二，我不同意「中日關係當中最大的問題是歷史問題」這說法。因爲，如果中日兩國之間，面向未來的交流與共同的探討只是停留在歷史層面上，我們是沒有未來的。理所當然，我們在歷史認識問題上，通過多層次的溝通，不斷加深相互的理解，「完善」認識，是極爲重要的。這也

是我們面向未來的基礎所在。不過，對我們來說，更重要的是，在經貿問題、環保問題、能源問題、區域合作問題、青少年交流等「實質問題」上，兩國人民攜手起來，擴大合作領域，共同尋找合作的戰略基礎。

二〇〇八年四月二十三日，世界和平研究所會長、日本前首相中曾根康弘發表了有關中日關係的政策性建議《中日關係的新章：面向超越歷史的發展》。本建議的目的是，在五月六日中國國家主席胡錦濤將訪日的情況下，向中日關係給予「新的基本原則」。中曾根在記者招待會上表示，「中日如何應付目前的問題，對兩國的共存及亞洲的秩序來講極爲重要。」胡主席訪日時，中曾根前首相將提出這套建議。

衆所周知，中曾根康弘是日本戰後的首相當中，擔任期間僅次於佐藤榮作首相，充滿著國家戰略思想的著名政治家。當年，中國的胡耀邦總書記與中曾根前首相之間結下了深厚的友誼，那一段時間，中日關係也是積極而美好的。

問題在於對歷史的認識

中曾根前首相辭職後，在政界的影響力一直是很深刻的。他的一切言行都對日本各界產生重大的影響。而日本將迎來中國國家主席胡錦濤的歷史性訪問的此時此刻，中曾根提出，「我們必須建構能夠坦率溝通的，即互相之間該說的要好好說的中日關係。」它意味著，中日關係有必要轉換關係本身的素質，邁向更加成熟的友好關係。

為了實現成熟的關係，中曾根前首相在歷史認識問題上指出，中國應該調整並完善抗日戰爭紀念館的內容，而日本在靖國神社的甲級戰犯分祀問題上，應該探索解決方案。另外，他對中國提出，「為加強思想教育而採取的愛國主義運動帶著醞釀反日感情的側面，需要加以調節。」對日本則提出，「日本必須謙虛正視過去，不要做出傷害中國人民感情的輕率發言。」

總之，中曾根前首相提出的核心點是，在歷史認識問題上，需要「雙向的努力」。

我非常贊同中曾根康弘前首相的言行。首先，他在中日關係關鍵的時刻能夠出面，做出上述的政策性建議本身，具有巨大的價值。第二，他對歷史認識問題的「信念」與「立場」，是值得與中日兩國人民分享的。任何問題的產生都有原因，而問題的來源不可能是單向的，而是雙向的。

當年，日本侵略了中國，給中國政府以及無辜的人民帶來了巨大的傷害和損失。這是毫不懷疑的事實，日本政府的官方立場也是一貫的，否則中日怎麼能夠實現邦交正常化？而《中日和平友好條約》締結三十週年的今天，我們應該如何「認識」當年的歷史？在此問題上，無論其程度或方式如何，需要雙方的努力，是肯定的，不動搖的。

45 中國人必須理解日本人「二戰觀」的兩難

談到歷史「認識」問題，中國人經常指出日本人不瞭解歷史，不反省歷史，甚至竄改歷史。是這樣嗎？在這裡，我不討論「是」還是「否」，因爲圍繞歷史認識的討論永遠是相對的。政府對某一特定時期戰爭歷史的「立場」必須一貫，但每一「個人」對曾經發生過的歷史，當然可以有不同的認識、理解、看法和思考。政府沒有權力左右本國公民的歷史認識，更沒有權力左右他國公民的歷史認識。在「歷史認識」這點上，「公」和「私」是截然不同的主體，我們就必須分開看待，對待。因此，對於上面的提問，我只能說，有些人瞭解歷史，有些人不瞭解歷史，有些人反省歷史，有些人不反省歷史，有些人竄改歷史，有些人不竄改歷史。中國不是也一樣嗎？不僅中國，地球上任何國家都一樣，沒有例外。

不過，在這裡，作爲一個影響深遠的「社會現象」，我想討論一下日本人的二戰觀爲什麼總是遭到中國人的批評？更準確的說，日本人的二戰觀爲什麼總是模糊不清，帶著一種困惑？

日本人的二戰觀的確陷入了「兩難」。我相信，大部分的日本人都是如此，包括我本人。理由是比較清楚的，即與中國人普遍把第二次世界大戰和「抗日戰爭」完全結合在一起，甚至作爲同一個戰爭看待相比，日本人通常把「中日戰爭」看作第二次世界大戰的一部分，而且大部分日本人不認爲在二戰上輸給中國人，而認爲「我們是輸給美國的」。這一理由也很清楚，日本人最後決定投降的直接原因，是美國在人類歷史上首次向廣島和長崎投射了原子彈，日本的土地、日本人的靈魂徹底崩潰，結果，日本投降了，輸了，贏家是美國。這是大部分日本人持有的二戰觀。

無論中國人如何看待日本人的二戰觀，它是眞實存在的事實，中國人也是在瞭解這一事實的基礎上，討論日本人的二戰觀「應該」怎麼著。之所以中國人和日本人對於中日戰爭的認識存在「鴻溝」，是因爲當時兩者所面對的形勢以及站著的立場不同。中國通過獲得「抗日戰爭」的勝利，最後建立了中華人民共和國，那場戰爭所佔有的位置果然是非常高的。但對日本來說，在整個二戰上，慘敗的對向是美國，在日本人的眼裡，至今「中日戰爭」的位置並不那麼高。中國人與日本人之間圍繞中日戰爭的「認識差異」的來源是很清楚的。

我認爲，中日兩國人民爲了建立相互信任關係，在歷史認識問題上有必要展開更多的相互理解，日本人要明白中國人所受的傷害是多麼的嚴重、深刻。中國人也要明白日本人的二戰觀爲什麼複雜、微妙。因爲，相互理解那些都擺在我們面前的「問題」，爲的是未來更加健全的關係，更加友好的感情。寬容爲本，和而不同。

46 在處理歷史問題上，日本爲何與德國有區別？

日本也在「踏實處理戰後問題」

在歷史認識問題上，日本經常「被」中國人拿來與德國進行比較。最典型的一種論調是：德國已經實現了與周邊國家的歷史性和解，日本卻始終沒有，所以未能超越與中國、韓國的糾紛。我可以斷定，如果德國與法國沒有達成和解，歐盟就不可能誕生；如果德國與波蘭沒有達成和解，歐盟的擴大也不可能。當今，歐洲能夠以歐盟的形式，不僅在經濟領域，還在政治、外交、貨幣等多個領域，展現出超越國家層次的共同謀求發展的態勢，其中一個主要原因確實是各國「超越了歷史」，並在「再也不重複悲慘的過去」上達成政治性、原則性、思想性的共識。

不過，我還是認爲，拿這些歐洲的案例，來批判東亞國家在「超越歷史與形成共同體」的遲緩，和日本政府「缺乏反省」的態度，言之尚早。我平時經常與日本外務省高官、學者、企業家等打交道，深知日本戰後六十多年以來踏踏實實地處理戰後問題，認認真真地追求超越歷史。例如，通過ＯＤＡ（政府開發援助）支援東亞各國的復興與開發、明確表示「謝罪」之意的村山首相的講話等，無疑反映出日本政府以明文與行動的方式對歷史負責任的態度。但日本沒能找到納粹那樣承擔歷史清算責任的特殊對象。周恩來總理曾表示，「中國把日本軍國主義者與一般的老百姓區別開來，把戰爭責任歸咎於前者，放棄政府賠償」。這對中日邦交正常化起到了推動作用。可是，在從戰前至戰後有一定連續性的政治狀況下，日本沒能像德國那樣以「加害者限定論」總結歷史，只好採取「大家都有責任」的形式，確實也爲後來的歷史認識問題蒙上了陰影。再加上，日本在戰爭中經歷了原子彈慘禍、沖繩血戰及其後的悲劇，日本百姓的潛在意識中，同樣遺留著「受害者」的創傷。除了作爲加害者的日本與作爲受害者的中國在感情上的差異外，給日本人留下的「受害者」體驗，也擴大了日本人與中國人的認知鴻溝。對此，希望中國的老百姓也能夠加深認識，共同促進圍繞歷史認識方面的溝通和理解。

自衛隊沒有殺過人

假如日本要實現未來健康的對內治理和對外政策，則政治家、官員、學者、言論家以及青年才俊等有識之士務必擁有正確歷史認識的同時，在普通國民層次上，也有必要堅持學習正確的歷史。在這個意義上，「超越歷史」應當首先由作爲加害者的日本主動建立正確的歷史認識，迴避引起近鄰國家擔憂或不信任感的言行，這是大前提條件。只要日本能對歷史擁有正確認識，中國也不會在歷史問題上糾纏不放。只有如此，日本與東亞國家的關係才能夠取得持續性的發展。

戰後，大部分日本人吸取歷史教訓，支持《和平憲法》與「無核三原則」。戰後半個世紀以來，日本沒使用過武力，也沒有用武力威脅過他國。自衛隊自從組建以來，連一個人都沒有殺過，一個自衛隊員也沒有被殺過。這點足以證明日本確實堅持了作為和平國家建設祖國的承諾。

中國人知道多少「戰後中日關係史」？

問題是，到底多少個中國人知道這一點？日本人不夠瞭解戰前的歷史，是個深刻的「歷史認識問題」。但中國人不瞭解戰後的歷史，同樣也是嚴重的「歷史認識問題」。戰後的中日交往史難道不包含在「歷史」中嗎？中國人對戰後日本的對外政策，尤其對華政策有客觀的瞭解嗎？一九七二年邦交正常化之前，中日民間人士已經在經濟、貿易等領域展開密切的交往。

一九七九年十二月，時任日本首相的大平正芳訪華時宣布，日本為支持中國的改革開放和現代化建設，將向中國提供日圓貸款和技術合作。一九七九年至今，日本一共給中國提供了約兩千兩百四十八億元人民幣（約新台幣一兆零一百一十六億元）的開發貸款，以及各種形式的技術合作和無償援助。一九七〇年代末，中國改革之初，缺少大量資金，日本是第一個支持中國的國家。一九八九年北京「政治風波」之後，日本也是第一個解除制裁、恢復對華援助的國家。從一九九七年到二〇〇一年，日圓對華貸款進入了高峰期，二〇〇一年達到兩千一百四十四億日圓（約新台幣五百九十六億元）的高峰。與中國經濟發展的脈搏跳動相一致，三十年間，日本對華援助從沿海到內地，幾乎涉及中國發展的各個領域——從中國早期的能源、運輸等基礎建設，到農業項目，再到環保、人才培養。迄今在國內已有兩百多個項目。

這些「史實」，中國朋友們瞭解嗎？不管日本對華政府開發援助的動力和起因是什麼，其中也有對戰前侵略戰爭的反省，也有當年政治家對推動中日關係的強烈渴望，也有日本企業走出去的客觀需求，但上述數據是擺在兩國面前的鐵證。我只是希望中國朋友們知道一些，瞭解一些。至於怎麼給予評價，完全歸結於每一個判斷者。

日本政府從二〇〇七年開始，每年邀請三千名中國青少年訪問日本，訪問日本的中國高中生消除了對日本和日本人的偏見與誤會，並帶著良好的印象回到中國。我直接接觸的很多中國高中生表示，對日本的印象爲禮貌、親切、乾淨、自然風光美麗、重視環保、科技水平高、傳統文化豐富等。熱中於日本文化的「哈日族」正在增加。日本的當代文化也許正在改變日本的海外形象。

中日兩國在正視歷史的同時，也有必要建構「面向未來」的關係。如果人們在反日情緒、反華情緒的惡性循環中停滯不前，對雙方的國家利益都非常不利。在中日經濟相互依存和人員交流空前繁榮的今天，擴大信任與合作的空間，建構面向未來關係的機遇已經到來。

47 日本人不認爲二戰敗給了中國

教科書是不能隨便出的

教科書問題，也是造成中日之間隔閡的一個大問題。教科書和普通書籍不一樣，普通圖書，由於出版自由，出版商出什麼都可以。在日本有很多類似於「我們要打敗中國」這樣的書，就像中國網路上憤青之間也會流傳「中國打敗美國」的書籍一樣，很自由，可以隨便得到出版。

但是教科書不一樣。飽受爭議的「扶桑出版社」出版的歷史教科書確實是主張美化侵略戰爭。這本教科書，對於當年歷史，就是日本侵略亞洲國家的那段歷史，寫得相對少一些。裡面說當年因爲日本可以說是亞洲最強大的國家，就說日本解放亞洲。因爲當時的日俄戰爭，是第一次東亞的國家戰勝西方大國，在這本教科書中就說，在我們走向擴張的過程中遇到一些問題。從盧溝橋事變開始，據我觀察，那些對日本不利的負面因素或多或少都被掩蓋了。

這樣的書，如果作爲普通書籍，其刺激性應該說是很低的。在日本，「歪曲歷史的中國政府」；「對本國歷史一無所知的中國人」；「南京大屠殺存在嗎？」等挑釁性的書籍衆多。問題是教科書是需要通過文部科學省審批的，而當時這本「有問題」的教科書竟然在審批中被通過了。在日本，所有學校都有權利自主選擇教科書，而扶桑出版社出版的教科書之採用率不到〇．一％。從這一數字能夠發現，日本的教育機構、學校以及老師們還是有一定的良知的，尤其在歷史、語文、道德等對孩子人格影響重大的科目上，盡可能避免煽動性、情緒化的內容。我只是希望，中國朋友們能夠把那些極端分子、對華盲目強硬分子和這些有良知的有識之士區別看待，對待。對於中國人的對日交往來說，爭取盡可能多的朋友，也是必不可少的。

而我本人希望做一個對歷史誠實的日本人。我堅決認爲，那場「教科書事件」絕不是採用率百分之多少的問題，讓它審批通過本身，即嚴重損害我國的國家形象，也給即將面向社會和未來的孩子們帶來極爲不良的影響，必定會損害國家利益。假如我是文部省負責人，我是不會通過這樣有問題的教科書的。

我曾在初中、高中階段使用的教科書裡有著關於「南京事件」和其他歷史的同樣描寫，只是沒有像中國孩子閱讀的「抗日戰爭史」那麼突出。畢竟立場不同，對歷史的描述自然而然也不同。我們日本人不得不承認歷史事實。不過有一點是難以避免的，每一個歷史老師的價值觀、觀點、歷史觀等都不一樣，政府讓所有學校使用審查過的教科書是一回事，使用教科書的歷史教師怎麼講課、講得多深又是另一回事。因爲，政府不可能統一所有歷史教師的教學方法，每一個老師都保持自己的風格和方式，教育才能豐富多彩，其核心目的絕對不是簡單灌輸知識（這叫做「洗腦」），而是以能吸引學生好奇心和注意力的方式去引導學生思考問題。

在這一點上，日本的教育平台可能與中國有些差異。日本有一些老師特別「右」，有些特別「左」。我曾組織過東京大學和北京大學的學生互訪交流機制——《京論壇》。我專門安排讓兩校的學生參觀中國人民大學附屬中學和日本一所著名學校，並對老師和高中生進行採訪。讓我留下深刻印象的是，採訪日本高中老師和學生的中國大學生很驚訝，日本每個歷史老師觀念都如此不一樣。有一個女生跟我分享感想：「在這所高中，所有老師用的教科書都是一樣的，但每一位老師之間的教學方法卻截然不同。有的老師很重視教科書的作用，有的不怎麼用，完全以講故事的方式與學生聊歷史，我覺得這個很有趣。另外，每一個歷史老師對歷史的觀念、理解和立場不同，就跟中國的關係而言，有的老師特別熱愛中國古代史，在講解世界歷史的時候，絕大多數都在講中國史。有的老師特別喜歡中國，就是日本人所說的『和平幫』吧，他們對當年侵華戰爭的態度甚至比我們中國人還過分。當然也有『偏右』、『極右』的老師，他們也承認日本侵略了中國，但講到侵略理由的時候，卻站在正義感的角度去模糊地把侵略行爲正當化。對此，我有些困惑，也反感，畢竟是與我們的長輩有關的事情。不過，冷靜下來思考，每一個人對任何一段歷史的看法和立場不同，也是天經地義的。我們不是機器，而是會思考的人。不同的思考肯定產生不同的觀念和立場」。

理解歷史的視角不同是再正常不過的

中國人和日本人之間在歷史「認識」問題上，存在著較大的差距。我覺得，這是正常的，領土爭端也好，東海油氣田開發問題也好，由於生長環境不同，接受的教育不同，輿論處境不同，因此，雙方老百姓的認識上存在差距是理所當然的，這本身不是個問題。我絕對不會說中國人要接受日本人的歷史觀怎麼著，只是從相互理解、共同發展的角度，去渴望中國人知道或瞭解一點點日本人的歷史觀爲什麼不容易符合中國人的標準和要求，日本人對二戰的認知爲什麼如此複雜。日本人對中國、美國、二戰本身、東京審判等認知都是錯綜複雜的，至今爲止，在國內沒有絲毫的定論。大家天天討論，「你不對，缺乏證據」；「你也不對，缺乏道德」；「你這個賣國賊，眞沒面子」；「你這個缺乏國際視野的陳舊人物，滾出去」……這種討論是沒完沒了的，至少在我所生存的這個時代，應該不會結束，其實也不應該結束。歷史認識也需要實事求是嘛，沒有一成不變的歷史認識，應該是全球人民的思想共識。

日本政府和老百姓都普遍認爲，日本投降是因爲美國投了原子彈（背後也有蘇聯出兵的因素），人類歷史上第一次、至今也是唯一一次使用原子彈轟炸了日本國土。對於日本人來說，兩顆原子彈足以使得國民認識到「我們是受害者」（請注意，這裡我說的是老百姓、國民，他們絕大多數也是無辜的，是被動捲入戰爭的）。很多日本人不認爲自己敗給了中國，很多人說我們是敗給美國，或敗給整個第二次世界大戰的。大部分日本人不認同日本敗給中國的說法。日本侵略中國與日本敗給中國是兩個概念，中國人在說「我們打敗了日本」的時候，世界戰爭局勢已經發生了深刻變化，絕不僅僅是中國和日本之間，決定中日戰爭如何也取決於錯綜複雜的國際局勢，以及由此影響的兩國綜合實力。日本人的認識是：「中國是戰勝國之一，日本是戰敗國之一，但日本沒有直接敗給中國」。之所以迫不得已投降，是因爲被美國投了原子彈。我們最後投降，成了戰敗國。

但是中國人的立場不一樣，一個是侵略方，一個是被侵略方，而且中國爲抗日戰爭本身付出了巨大的犧牲，何況中國共產黨是通過抗日戰爭跟國民黨的「內戰」佔了優勢，最終奪取了政權的。從兩國截然相反的立場看，對當年歷史認知之不同極爲正常。

不過，日本人值得認眞反思，我們爲什麼始終給人家一種「不承認歷史」的錯覺？不可否定，對方國家政府、媒體的宣傳方式有問題，以點蓋面，故意放大的宣傳有的是，但這也是對方國家的統治需要，我們不可能干涉別國內政。既然歷史認識問題是日本在國際社會上健康生存下去的首要責任需求，那麼我們應該積極思考我們在這個問題上應該採取何樣的措施，目前政府表態、媒體報導、教育方式等存在著哪些問題。任何外交都是一樣的，鐵規則就是；不要指望對方應該怎麼著，而是從本國利益的角度出發，認眞反思我有什麼問題，能做什麼。

48 日本新政權的國際主義

二〇〇九年九月，民主黨第一次奪得政權後，在日本新政權上承擔外交任務的一把手（第一號人物）鳩山由紀夫和二把手岡田克也都事前明確表示：「新政權不參拜靖國神社」。在小泉純一郎就任期間（二〇〇一年四月二十四日至二〇〇六年九月二十六日），「靖國問題」重新浮到水面上來，成爲中日之間敏感、棘手而難以處理的外交問題。之所以政治家、媒體、學者等用「靖國問題」四個字，是因爲圍繞靖國神社的存在意義、內外影響力等，跨越國界地引起爭論，成爲影響首腦外交和大國關係的重大問題。日本首相參拜靖國神社後，中國作爲原則性立場，拒絕與參拜的當事人見面，停止首腦外交，如此相互關係是健全、合理的嗎？在小泉時代，中日民衆已經深刻感受到，政治氛圍極爲惡劣的狀態對中日關係所帶來的絕對性負面影響。當時，幾乎所有的兩國人士都認爲，「當今，中日兩國之間最爲嚴重的問題是靖國問題」。因爲，它產生的影響、它所覆蓋的面實在太大了。

作爲渴望給日本社會帶來「新風」的民主黨，必然站在長達五十年以上的「一黨獨大」——自民黨的對立面，堅決反對參拜靖國神社，重視中日關係。與其說這是鮮明的「戰略」，不如說是巧妙的「戰術」。但這一「戰術」絕不局限於技術層面。十月十日，第二次中日韓領導人會議前夕，我在十月九日晚上在北京與鳩山首相、岡田外相的交流中，明顯感覺到了「新的政權有決心以誠意展開亞洲外交」的信念。我跟岡田外相彙報說，「二〇〇五年四月在中國各地發生反日遊行的前後，中國輿論界清一色地批評日本，輿論氛圍很不利於民間交流。在華的日本企業、藝文人士、留學生等各種角色，都受到政治關係的深刻影響，很難與中國人心連心地交往」。岡田睜開眼睛對我說：「我理解，你們一定受了委屈，度過了痛苦的日子。我們再也不會讓你們爲難，請相信我們，堅持不懈地營造良好氛圍，重視中日關係」。我感覺到，新政權對歷史的正視是出於誠意。

小泉純一郎曾經每次參拜而遭到國內外人士的批評。圍繞這一點，我多說兩句，因爲很多中國人似乎很不瞭解靖國問題的眞正要義。對於首相參拜靖國神社，除了中國人和韓國人，實際上許多國內人士也從「違背了政教分離」的憲法原則的角度，反對首相參拜靖國神社。既然你的身分是代表國家的首相、代表政府的內閣總理大臣，說「以私人身分參拜」也沒有任何說服力，其行爲本身意味著「公」的要素。在這個意義上，「靖國問題」本質上與其說是外交問題，不如說是內政問題。日本必須從內政的角度，哪怕花多長時間和多少成本，早晚要去妥當處理此事，而不應該盲目「拖下去」。日本能夠把靖國問題局限於國內問題加以處理，客觀上也符合中國的國家利益，因爲中國沒有必要批評了嘛。中方領導當然也不願意批評，破壞中日關係。

九月二十一日，日本「變天」後，首次中日首腦會談在紐約舉行。民主黨似乎格外重視中日關係。大選前，首相鳩山由紀夫、外相岡田克也紛紛表示「新政權將不參拜靖國神社」。對此，中國當局和輿論界表示歡迎，大膽猜想民主黨上台後中日關係的美好前景。

對於中國領導人來說，「日本領導人參不參拜靖國神社」，已經變成了判斷「日本對華友好不友好」、「中方要不要與日方友好」的核心，甚至唯一的標準。因此，胡錦濤在會談開頭，就把鳩山由紀夫稱爲「中國人民的老朋友」。我不知鳩山先生有沒有理解此稱呼的含義。對於歷代中國來說，這個頭銜可不是隨便亂用的。

其實，從當前形勢看，被「靖國」兩字糾纏的不是日本，而是中國。只要日方領導人公開表明「不參拜」，中方就放下心，立刻公開表明中方有準備和決心與日方友好交往的意志。實際上，日方表明「不參拜」，對中國的國家利益並不帶來什麼實際的好處，若是表明參拜，甚至眞的參拜，形勢便變得一塌糊塗，後果不堪設想。中方只能批評日本，與對方當事者「斷交」，否則無法對國內人民的民族情緒做出交代。

「『不參拜』對日本外交來說，實際上是個最便宜、卻最有價值的外交牌了。只要日方說不參拜，中方就對日本友好，不能不友好。」日本幾位退休幹部跟我說。或許，其背後感到得意，笑咪咪的是小泉純一郎。他在任期內徹底把「靖國」這張外交牌的價値抬高到極限了，雖然我也無法瞭解這是否是小泉對未來中日關係藍圖所構想的「陰謀」。今天，日本民衆不要求首相參拜靖國神社，「反華」既不是首相鞏固權力的工具，也不是輿論上的主流。

反正，從話語權、心理優勢、談判籌碼、國內風險等角度看，中日領導人之間的雙邊關係，與前幾年相比，正產生著微妙而明確的變化。這是我對最近中日關係動態的基本判斷。

與此同時，圍繞「靖國問題」，不容忽視的是它無法抹掉的「政治性」。我指的不是「政教合一」或「政教分離」上的政治，而是「權力政治」或「利益集團」意義上的政治。

十月二十日上午，跨黨派議員團體「大家一起參拜靖國神社國會議員會」的成員，在靖國神社秋季例行大祭期間，參拜了供奉有十四名甲級戰犯的靖國神社。而在前一天下午，曾於二〇〇六年公開宣稱不參拜的日本自民黨總裁谷垣禎一，也突然參拜了靖國神社。谷垣在參拜後辯稱：「不僅是在前面發生的戰爭中，在日本近代史的歷程中也有很多人犧牲，我是爲了安慰犧牲者的靈魂前來參拜的。」在二〇〇六年參加自民黨總裁選舉時，谷垣禎一曾稱，當選首相後將不參拜靖國神社。對此，谷垣解釋稱，「考慮到國際關係，是作爲首相在那時要避免的意思。」

十七日，日本前首相麻生太郎也參拜了靖國神社。麻生在任期內，也考慮到國際關係，沒有去參拜靖國神社。可見，一個政治家參不參拜靖國神社與其身分、立場有關，其實大家內心是希望能夠參拜的，除了民族感情、正常人性外，「參拜」能夠迎合國內「民族主義者」們的心理訴求，有利於展開「務實」的統治過程。

擔心「靖國問題」再次引起軒然大波的中國當局正在關注日本新政府——民主黨，如何處理好此問題也成爲焦點。

此次鳩山由紀夫、岡田克也、菅直人等民主黨領袖人物按照提前公布的《政綱》，沒有去參拜。按道理和常識，「新政府」指的是民主黨、社民黨、國民新黨聯合執政的「新內閣」，政府是只屬於內閣的，所謂首相，實際上兼任著內閣總理大臣。那麼，判斷日本新政府如何面對、處理「靖國問題」時，無論是國內還是國外人士，首先要觀察的是執政黨——民主黨的動態。九月民主黨上台之前，已經明確表明「新政權上台後不參拜靖國神社」，首先是作爲新的政權，與剛下台的自民黨的做法和風格區別開來，是正常策略。在這個意義上，民主黨領袖不參拜首先是基於內政，更是選舉；其次才是外交、國際關係上的考慮。

不過，民主黨作爲讓日本擺脫了自民黨長達五十多年的「一黨獨大」政局的新興政黨，其高明之處是，確實給本國國民提出了一種新的「國益觀」（國家利益觀念），這不是基於盲目愛國主義或排他性民族主義。其中的代表目前看來是「岡田外交」的務實。岡田前外相從維護日本「民意」和「國益」出發，展開務實的外交政策。他不是從民族情緒，而是從國家戰略上有決心對任何國家說「是」和「非」，包括中國和美國兩個世界大國。那麼，他將對中國、韓國等東亞國家採取的政策，也無非就是「務實」（pragmatic）兩字。民主黨上台之前之所以明確表明「不參拜靖國神社」，是因爲岡田認爲這樣符合日本的國家利益，而不是妥協中韓，更不是張揚「親華」、「親韓」。對於這一點，中國政府和民眾也務必有清晰的認識。

「靖國」兩字作爲歷史認識問題的一部分，事實上糾纏著日本的內政與外交，錯綜複雜，對中日關係或日韓關係來說，則是牽涉到兩國能否正常交往的「底線」之一。領導人將謹慎對待這條底線。就中日之間的東海、釣魚台、日韓之間的竹島（獨島）問題等而言，也是牽涉到主權與民族尊嚴的長期性問題，不可能在一夜間得到解決。那麼，對於某些政客一時的「強硬論」或「情緒論」，民間輿論最好不做過度反應，讓各國的外交部門與其他部門攜手，踏踏實實地展開談判，到時候由英明決斷力的政治家來加以處理。不可否認，東亞各國在全球大蕭條的形勢下，面臨著眾多國內問題，在如此艱難而不確定的時期，帶著長期結構性的問題恐怕無法得到解決。但反過來看，正因爲各國都處於困境，合作的動力和需求將比平常時期更加突出，也是必然的邏輯。把如今的大蕭條視爲抑制衝突和矛盾浮出水面的大工具，在雙邊、多邊外交框架內展開合作的機遇，才是有智慧的做法。

反正，在民主黨奪取政權後已經多次提到「新的政權有決心正確面對歷史」的鳩山由紀夫面前，中韓民衆同樣務必站在嶄新的立場去培養戰略思維。既然民主黨政權反覆主張「正視歷史，面向未來」，中韓要做的不是質疑、警惕「日本積極倡導東亞共同體，會不會造成當年大東亞共榮圈的局面？」而是積極評價鳩山的「功勞」，協力創造和諧的外交氛圍，使得他能夠在國內政治上更加扎實地說服國民，展開政策。畢竟，許多日本言論人士批評鳩山對中國和韓國的政策過於軟弱，指責是「賣國外交」。

或許，中韓必須明白日本領導人在持有複雜「二戰觀」——大部分日本人認爲，日本是因遭到美國兩顆原子彈轟炸而不得不投降，因此，頂多敗給美國，而不是敗給中國的。至於東京審判，是二戰的勝者強加給敗者的，不公平——的國內輿論面前，明確、公開、眞誠地表態「正視歷史」，是有國內風險的，絕不是一件簡單的事情。

49 愛國，先走出國門

愛國不能閉門造車

二〇〇三年來到北京，已經待了八年，也始終沒有忘記，在這裡待的時間越長，我對祖國的感情和意識越濃。出乎意料，我也是來中國之後，才第一次體會到到底什麼是「愛國」，愛國眞正的含義是什麼，何謂愛國主義者，愛國主義者該想什麼、說什麼、做什麼。

我經常強調，自己現在所扮演的無非就是「觀察中國，反觀祖國」。我是純粹的日本人，拿著日本的護照，享受著作爲日本公民的權利和義務，那麼我觀察、思考、探索的著力點必須是日本，不斷思考自己的言行能爲祖國帶來點什麼。

總體感覺，如果你想成爲眞正的愛國主義者，必須要走出去到海外。到美國也好，英國也好，非洲也好，拉丁美洲也好，中國也好，要到其他國家去看一看、逛一逛，前往的國家，瞭解的文化越多越好，這樣才能深刻瞭解到祖國在世界上的位置，理解祖國的長處和短處、優勢和劣勢何在，才會明白什麼是愛國。

日本人到中國的各個地區參觀尤有必要，中國和日本之間的交往長達兩千多年，迄今爲止呈現出一衣帶水、相互依存的關係。我發現，在中國，和日本有關的報導特別多，二〇〇九年，日本自民黨總裁麻生太郎解散國會，重新洗牌日本政局到大選當天，中國媒體一直追蹤報導相關動態和消息，競選者的性格、政策、理念以及對華態度與政策，假如民主黨奪取政權，實現戰後首次眞正意義上的政權交替，日本將走向何方等。我堅信，在中國輿論界，「日本」一定是最有市場的焦點。

不過，以媒體報導爲代表的傳播也有本身的局限性。一個人眞正瞭解一個國家社會，就必須親自到對方國家，深入「潛伏」對方社會，才能成爲「××通」。就我而言，雖然我離「中國通」還有很長一段距離，但到中國之後第一次發現我是如何愛國的，第一次認眞思考爲了表達我對祖國的愛，自己該做什麼，同時也在困惑和無奈中體會到，成爲一名具有國際視角的愛國主義者多麼地艱難而長遠。

大部分的日本人，尤其是年輕人，都不夠資格成爲眞正的愛國主義者。最主要的原因是，他們對瞭解外國歷史、文化、政治的態度極爲淡薄而落後。大家只是專心應考，學習英文。瞭解世界地理、歷史也僅僅是爲了考大學，出國留學的高中生和大學生也似乎比過去少了很多。反正，今天日本的老百姓不向外看只向內看。我認識的許多知名大學畢業的後輩們，伴隨著金融危機對本國市場的衝擊日益明顯，也變得日益保守。我親自採訪過他們，他們現在最想去的單位是國家或地方政府機關，是因爲他們害怕失業，想靠「鐵飯碗」平平安安地度過一輩子。其次是以索尼、豐田、本田、松下、電通、佳能等以家電、汽車爲主的大企業。這些大企業至今採用的雇傭方式，依然是日本著名的企業文化「終身雇用，年功序列」，應聘者們的別有用心很清楚，還是想靠「鐵飯碗」平平安安地結束一輩子。他們就業的時候，首先看到的是「這個單位會不會破產，我會不會被開除」，這在我看來是極爲被動、消極的戰略。但今天的日本年輕人只能那樣，還是想依靠老一輩積累的財富過日子，而不主動去創業，實事求是改變局面（當然日本也有創業人員，我在這裡主張的不過是整體思潮）。記得我當時決定出國的時候，周圍的同學都跟我說：「你瘋了！」在我們同屆畢業生一百五十個人裡面，到海外出國的只有我一個人，被其他一百四十九個人視爲「瘋子」，感覺挺寂寞的……

日本需要不斷開放本國的市場、制度、觀念，是擺在國民面前的鐵事實。但國民並不認爲日本需要與國際社會接軌，只是盲目希望「想過好日子」。比如，在電車上，一個白人坐在你旁邊，就感到噁心，想躲開換位置；在一個餐廳，一群黑人來吃飯，服務員就害怕該怎麼處理；在一個初中學校，一個中國學生新進來，就把她視爲與衆不同，不理睬，甚至欺負。這些狀況在日本隨處可見，我平時一年回國一次，也仔細觀察日本人怎麼與周邊的外國人相處、共存，其實很糟糕的，主要是在觀念層面沒有接受外國人。這樣的國家能成爲世界或區域的大國嗎？別做夢了。

僅有狹隘、短暫眼光的年輕人圈子裡，氾濫的是自以爲是、盲目排他性的民族主義，離健康的愛國主義實在太遙遠了。作爲一個經歷七年海外留學的人，我認爲只是閉門造車，一直生活在國內，他們不會明白到底什麼是眞正的愛國。因爲，愛國主義的本質，就像毛澤東同志說過的那樣，是與國際主義的有機結合，兩者密不可分，缺一不可。至少我是走出去了之後，才明白到底什麼是愛國。許多日本主張愛國的人，他們只是看到了媒體報導，看到了有關中國的「醜聞」，看到了網路上情緒化的辯論以後，就說自己愛國，是片面而不可持續的。「以點蓋面，以面蓋點」這一掩蓋國家利益和形象的做法，往往是「愛國賊」所犯的錯誤。

我想，也可以採用一個道理和邏輯來解釋中國人的愛國主義問題。中國有很多不出國而主張「愛國無罪」的平民，利用抵制日貨、法貨，向日本大使館、餐廳、家樂福侵擾等方式表達對祖國的愛，在網上說三道四，說什麼「我愛國，你賣國」，但這批人大多數都不是基於愛國，只是抱怨，實際上就是愛國賊。中日關係、中法關係對本國領導人、政府來說，明明是極爲重要的外交關係，老百姓不顧祖國政府的處境，盲目大喊「愛國無罪」去破壞跟這些國家的關係，甚至嚴重損害國家形象。中國出國留學、學習的人，往往被「愛國賊」批評、痛罵的海歸派，實際上很多變成了眞正的愛國主義者，在中外、中西溝通之間架起橋梁的使者。

具有海外經驗的愛國主義者在中國似乎比日本多得多，當然也有一些繼續留在海外不回來，「歸化」爲某某國籍的中國人。日本人特別需要向中國學習對外交往的藝術，有些日本人自以爲是，都關在國內的封閉環境，自我滿足，自我安慰。大家的生存道路都很固定，好好上學，考上東大，進政府省廳，進豐田、索尼，其他都無路可走。但在今天如此國際化、全球化的時代，日本人的對外意識和態度也必須與時俱進，應該認識到，成爲眞正愛國主義的前提條件是打開國門，出國讀書、生活、工作，從海外的「第三隻眼」反觀祖國。

愛國主義與國際主義永遠是相輔相成的。毛澤東眞牛，說得太棒了！

愛國主義，國際主義

日本是很保守、很封閉的島國。日本人是最需要認眞學習毛主席曾經說過的「必須將愛國主義和國際主義結合起來」。

此時此刻，中國人也應該重新復古一下，認識到這一點。好像大部分中國人都忘記了毛主席給你們遺留下來的「格言」。既然崛起中的中國已經圓滿成功舉辦奧運會了，開幕式上還張揚了「和爲貴」，「大家都是一家人」，這本身符合中國的民族性和歷史傳統，不要那麼區分我和你，中國和美國都是地球上的一家人，別吵架了，尋找能夠契合的方式和道路。既然在這個問題上積累了這麼多基礎，今天中國的老百姓也應該好好從歷史、從毛主席那句話中吸取教訓。對中國人來說，防止「愛國賊」蔓延的答案在你們自身的歷史中。

你認識到愛國主義的同時，也要認清國家利益何在。最典型的就是「抵制日貨」、「抵制法貨」，你的抵制行爲等於危害到貴國同胞們的生存問題了。日本在華兩萬家以上的企業在中國雇傭了一千萬以上的員工，如果你是眞正的愛國主義者，你提倡愛國，可以表態，把你對日本人的不滿表達出來，但是同時你也得從國家、民生利益的角度來考慮一下，「抵制日貨」實際上就是「抵制我貨」，阻礙的對象是誰的生存權和發展權。那些你抵制的日本企業破產了，回國了，那些你的同胞向何處去？別說「無所謂」，那你更是「愛國賊」了。只考慮到自己如何釋放情緒，而不照顧祖國同胞的生存和利益，你利用了「愛國」的牌子，並不對此做出任何的承諾和責任，能不說是「愛國賊」嗎？在全球化時代，「你死我活」的思維方式本身就是過於陳舊，不管對國內還是國外，弱肉強食、零和博弈的表達方式必須有所改變，否則受損的最終是你自己。這一遊戲規則叫做「相互依存」，只能與他者、他國一起獲利。

和則兩利，鬥則雙輸。你也得認識到中國是不可能孤立的。在經濟全球化時代，中國和日本、美國、法國等所有國家的經濟發展已經糾結在一起，你中有我，我中有你。從利益的角度，你也得明白政府的苦衷，要學會換位思考。民衆那麼排外、極端，政府能進行正常對外政策嗎？外國政府和民衆怎麼看待中國？國家的形象是國家利益不可分割的一部分。對，中國人必須要把形象視爲利益不可分割的一部分。當代中國人更有必要瞭解你們是如何被外界看待、認知的。毛主席那句話至今依然有理由全面提倡，大家弘揚愛國非常好，但必須得從一個國際主義、國家利益的角度去加以推廣、處理。除了黨的利益，還有白領的利益、軍人的利益、大學生的利益、農民工的利益、中國海外企業的利益，甚至在華老外的利益，都是國家利益不可分割的一部分，都是包括在一起的。

總之，中國人要好好提倡毛主席的那篇文章，國際主義和愛國主義相結合。今天提倡愛國卻言行不一致的「愛國賊」們，一定要學習從國際主義、從國家利益的角度去判斷你的行爲對不對。和爲貴，大家都贊同，老百姓也認識到你損害了中國的形象和利益。光喊愛國，不考慮到中國和其他的國家、國際社會、利益相關者各方面的利益和尊嚴，這就不是愛國者，而是愛國賊了！中國老百姓，除了考慮到中國要成爲負責任的大國，人民要成爲負責任的人民，你談愛國，抵制日貨、法貨的同時，首先得想一想，從國際的、國家利益的角度去進行深刻的反思。

自以爲愛國，卻損害國家利益

正在蔓延的「愛國賊」，無論是在媒體上，還是在馬路邊上，還是在網路論壇上，我不太認爲他們是在認眞、眞誠考慮到了國家利益、國家形象的前提下，才做出那些過激行爲的。他們就是對現狀不滿，感到鬱悶，找不到工作，工資很低，考試成績不好，跟女朋友分手了……就是跟那些上街遊行的人一樣，他們沒有考慮過什麼是愛國，或者什麼是國家利益，純粹是不舒服、鬱悶，以及對現狀不滿，而採取那種很過激的行爲，被爲難的是中央政府，被損害的是國家利益。

在這個意義上，在日本，「愛國賊」按照剛才所下的定義看，也到處都能看到，而他們往往也在網路上採取很偏激、極端的手段去煽動，很有目的地引導輿論。那些本來很平靜過日子的老百姓，從來沒有思考過什麼國家大事，但一旦被「愛國賊」刺激、誘導，便直觀感受中國不好，天皇萬歲，憑什麼中國人說靖國神社不好，就一塊變成「愛國賊」。就這樣，圍繞「愛國賊」的連鎖效應在日本也特別多。而他們的行爲，有的是純粹以愛國爲口號，有的是眞心愛國，但是他們的實際行動，卻都是害國。

他們是爲愛國而賣國的「愛國賊」。讓我們成爲眞正的愛國主義者吧，讓我們首先用自己的頭腦和言行認眞思考什麼是愛國，什麼是符合愛國的言行做起。

無論是中國還是日本，還有美麗的台灣，但願眞正的愛國主義者越來越多，而不是「愛國賊」不斷蔓延，最終使得「國家」陷入崩潰的邊緣和滅亡的絕境……

後記：我眼中的台灣與台灣人

一

二〇〇八年的某一天晚上，正在北京大學就讀國際關係本科專業的我，在該校校園裡參加了一場「中台學生對話」。中方主要是北京大學的學生，台方包括台灣大學、台灣政治大學等學生，現場一共容納五十名學生左右。我似乎是唯一潛伏著的「外國人」。

台方學生入場後，中方學生熱烈掌聲表示歡迎。對於雙方來說，這種兩岸接觸是極爲罕見而難得的。北大學生平時能夠直接跟在台灣生活的同齡人接觸的機會，應該很少很少，對台大等學生來說，當面瞭解北大學子的思維方式、價值觀、國家觀念等，無疑對未來自己實現「偉大事業」，起到舉足輕重的作用。對我這個日本年輕人來說，兩岸之間能夠展開和平的對話是符合意願的。若這種青年對話能夠使得政治也好、經濟也好、社會也好、軍事也好、文化也好，這些局面發展爲令雙方以及利益攸關方滿意的契機，那就再好也不過了。

台方學生表現得也很禮貌，我原來還擔憂雙方對話是否會出一些意外問題。看樣子沒什麼事情，我就放心旁觀著，等著台方代表的致辭。

台方代表站起來，氛圍很友好，他很有禮貌地向北大學子說：「大家好，謝謝大家熱情款待。這是我第一次訪問中國，來到北京大學，很高興……」

下一瞬間，整個現場，尤其北大一側冷漠起來了。緊接著，有個北大學生站起來反駁說：「同學，你這個說法不妥當，你應該說『這是我第一次訪問中國大陸』。台灣是中國領土不可分割的一部分，你是中國人，不應該說第一次來到中國，請糾正政治態度。」

那位北大同學坐下來之後，整個現場更加冷漠起來，沉默了幾十秒。我的擔憂發生了，最擔心的是雙方男生情緒激動，甚至「打」起來。我就下決心主動去協商，行使「第三方」的權利，去協調兩岸之間的「政治摩擦」。

發言的中國學生正好是與我關係很好的學弟。我對著他說：「兄弟，你是明白的。那位來自台灣的同學沒有任何惡意，更不是故意挑釁你的。兩岸的年輕人所受到的教育不一樣，所面臨的社會不一樣，所陷入的輿論不一樣，所擁有的價値觀不一樣……這一切都是正常的，你作為北大學子，連這麼簡單的道理和邏輯都不懂，別讓我失望了。現在我們展開的是民間的、青年的對話，別什麼都政治化。兩岸關係如此難建立，是有理由的。求同存異、和而不同是根本的交流態度。而且，你聽到剛才台灣學生的發言，從中可以引發你很多思考。你要做到的難道不是多傾聽對方、瞭解對方嗎？在這裡情緒化幹嘛。冷靜一下，把頭腦清晰一下。」

畢竟，平時在中國經常寫文章，發表評論的我強有力地去主張，那位同學似乎明白了自己的問題，整個現場也恢復正常，我用眼神跟北大方面的代表說：「沒事，很正常，繼續吧。」我也用眼神對台大學生說：「沒事，很正常，你繼續。」

二

我不知道，台灣讀者朋友們如何解讀這場小摩擦，認爲很正常呢，還是很意外呢？表示接受呢，還是表示憤怒呢？

我到寫此文的二〇一一年四月二十八日爲止，還沒去過台灣。日本人去台灣太容易了，距離也很近，聽同胞們說，台灣社會對日本人的接受程度很高，所以才耽誤到現在，原因恰恰是太容易，隨時都可以過去。我有不少台灣的朋友，跟絕大多數日本人一樣，對台灣的印象一向良好。雖然自從一九七二年日本國與中華人民共和國實現了邦交正常化以後，日台之間不得不放棄外交關係，但民間交流始終是存在的、展開的、繁榮的。

很多台灣朋友也每年到日本旅遊。根據日本觀光局的統計，二〇一〇年，一共一百二十七萬的台灣人到日本旅遊，排名第三位（第一爲韓國的兩百四十四萬；第二爲中國的一百四十一萬；第四爲美國的七十三萬）。我在日本認識的台灣朋友，他們非常努力學習日語，是所有外國人裡面最棒的，日本國民都很敬佩台灣人，並對台灣表示友好和歡迎。

我相信，這本書在台灣得到出版前後，我能第一次訪問台灣，現在就期待著。

曾有不少台灣年輕一代的朋友向我透露，他們作爲「台灣人」的內心矛盾。有一次，記得是二〇〇九年的夏天，正在北大留學的女生，在北大外國留學生宿舍勺園門口跟我聊天時說：「我們台灣人很尷尬，由於國家定位上很複雜，許多國家只承認中華人民共和國，而不承認中華民國。所以，不管在政府還是國際社會上尋找成長的平台，都很困難。比如，我很想去聯合國工作，做跟國際事務相關的，但台灣已經被迫退出聯合國，我這個台灣人就很尷尬，不好處理事情，也很難打開出路。」

我在本書的其他篇章裡談到了「精英」的問題。

我認爲，「精英」應該兼備潛能和公共意識的雙重本能，否則無法成爲引導整個社會發展的骨幹人物。我平時在自己所在的北京大學，或中國的文壇上經常批評：「當今北大人的潛能是世界一流的，知識面很廣，外語和溝通能力很強，很勤奮，從這些點看，中國人值得對未來保持謹愼的樂觀。然而，北大學子卻嚴重缺乏從社會需求定位自己的公共意識，大家盲目崇洋媚外，功利主義、實用主義、甚至犬儒主義，只是從個人的職業發展的角度去嘲笑社會。從這些點看，中國人值得對未來保持積極的悲觀。」

相較之下，由於客觀環境所造成，或者，自己面臨到錯綜複雜而令人尷尬的環境，包括我曾接觸過的台大學子，包括在北大留學的台灣學生們的「公共意識」，反而很濃厚，時時刻刻從國際形勢、社會關係等公共角度去尋找自己、定位自己、發現自己。我在跟部分台灣青年一代的精英交流的過程中，發自內心地感覺到，一個人在艱難的環境下長大，他對公民社會的觀察力和參與度，反而得到強化和深化。當然，我畢竟沒有去過台灣，許多現象根本不熟悉、不瞭解，或許，台灣也有極端個人化、功利化的年輕人，但這也正常。我在這裡討論的是「在我眼中的台灣青年精英」。他們的知識面、外語能力、溝通能力等，在我看來也很優秀，一點都不比所謂國際名牌學校的學子們差。台灣走到今天真的很不容易，雖然本人無法站在台灣人的立場去感受其痛苦和無奈，但我在這裡願意向台灣的讀者朋友們贈送一句我很喜歡的話：「困難是前進的動力，而不是逃避的理由。」

三

毋庸置疑，在當今世界上，「台灣」是國家定位最爲難的地方，「台灣人」則是自我認同最爲難的人群。不管台灣當地朋友怎麼想，客觀來說，台灣不是嚴格意義上的、法律意義上的「國家」，始終處於模糊、複雜、兩難的處境。作爲一名日本國民，我對台灣同齡人始終無法擺脫的困惑和無奈，發自內心地表示同情。無論如何，日本國和日本人對台灣和台灣人至今所遭受的困難和絕境，是有歷史責任的。台灣人對日本友好是一回事，日本人永遠應該抱著反省和謙卑的態度與台灣人打交道又是另外一回事。希望日本人與台灣人之間，在未來的時間裡，能夠堅持相互理解、相互尊重、相互信任、相互包容的心態，去實現日台之間的友誼長青。

接下來，我發揮勇氣，也冒著一點風險，大膽地去討論一個問題：對於台灣人來說，「國家」意味著什麼?「愛國」又意味著什麼?

展開這一討論時，首先有個大前提，我們應該尊重言論自由和多樣性。「國家」或「政府」的立場是一回事，老百姓如何想、如何看、如何做又是另外一回事。公權力不應該干涉個人的權利，這叫普世價值和國際標準。作爲本書的作者，我也尊重每一位台灣朋友自己的看法和立場，許多觀點和立場並存、共存的狀態才是健全的。我願意相信，台灣是健全的。

去年年底，在東京跟幾個朋友一起喝酒時，話題正好涉及到包括撞船事件在內的日中關係。現場也有來自台灣的朋友。有個充滿右翼傾向的日本大學生對他挑釁說：「你們中國人總是利用國內的反日主義向日本施壓，做法相當野蠻，反日情緒不是你們自己教育出來的嗎？本來就是虛假、僞造的。你們正給我們添著很大麻煩呢。知道嗎？」

那位台灣學生沒有被挑釁，也沒有情緒化，保持冷靜頭腦反駁說：「大哥，您的說法有問題。我不是中國人，而是台灣人。中國和台灣是兩個概念，故意炒作反日情緒的不是台灣，而是中國。我們對日本相當友好的，請不要誤會，好嗎？」那位日本學生大笑，說：「哈哈哈哈，對啊，你說得很對，台灣對日本是很友好的，不好意思哦，是我的錯，咱們乾一杯！」

我經常在北京跟來自台灣的學生、工作人員交流。我本人很喜歡台灣人對公民、衛生、時尚、社會等各方面的態度。說實話，我跟台灣人在一起的時候是最舒服的。這可能也跟日本人和台灣人之間始終保持的特殊民族情結息息相關。我不知台灣朋友對日本人是抱著什麼樣的情結。

三月的某一天晚上，我跟五、六個台灣朋友在日本料理店吃飯。我冒昧地問了一下他們：「你們怎麼看目前的兩岸關係？我知道台灣島內不少人，不管是老年人、中年人還是年輕人，仍是希望獨立於中國的。但從現實的角度看，此刻獨立是不可能的，不管從兩岸實力對比、國際形勢等各種角度看，都是不可能的。中國解放軍的實力很強大，共產黨的政治意志也很堅定，不可能在台灣問題上做出任何妥協。當然，此刻中國『解放』台灣也不可能。美國方面不允許中國這樣做，何況中美之間的經濟、政治、軍事實力上還有明顯的差距。既然美國不讓，日本也跟著美國走。而且，對於『一個中國』，美國和日本在跟中華人民共和國建立外交關係的時候，都分別表示了理解（understand）和尊重（respect），卻從來不承認（recognize）。還有最重要的一點，就是台灣人民的意志和決心。台灣是民主的社會，大陸則是專制的社會，政治體制截然不同，那麼，兩岸人民要在同一個制度環境下共存，迄今爲止基本上是不可能的。我相信，不管是通過什麼形式，和平的、暴力的，台灣人民也不願意此刻接受所謂統一。這樣來看，維持現狀（status-quo）似乎是唯一可取的方法。美國人、日本人基本上也是這樣想。我所認識的中國人，尤其北大學子等現實主義者們基本上也這麼想。那麼，你們怎麼看？」

大家都沉默了一會兒，意味著這個問題很令人爲難。我插嘴說：「沒事，你們別想得那麼沉重，咱們本來就是好朋友，隨便聊聊。」

緊接著，其中一個美女邊看著其他同胞，邊對著我說：「誰不願意有自己的國家？」其美麗程度完全有可能讓我迷倒的她，用雙眼凝視著我的眼睛說：「我們當然希望台灣完全獨立，這一點是毫無疑問的。但今天台灣的年輕人也很現實，不得不現實，否則無法活下去。我們沒有放棄自己的理想，建立自己獨立的家園，並能夠跟各個國家在不受任何干擾的情況下正常交往。難道台灣人就沒有這個基本人權嗎？但現實很殘酷，不可能單方面改變現狀。我們也無能爲力啊。」

我看著其他在座的朋友，基本上都同意那位美女的說法，沒人反駁，也沒人補充，她似乎完整地把當今部分台灣青年的困惑表達出來了。而且，他們是到中國留學或工作的人，立場應該算是比較溫和或理性的。我心想，在台灣島生活或工作的年輕人恐怕沒這麼溫和，有可能很極端、情緒化呢。未來總有一天，我必須親自去跟他們交流，瞭解一下他們的國家認同和自我認同。

在這裡，我沒有任何打算和資格評論台灣人，尤其年輕一代的國家觀是什麼。我只是通過自己與他們的交流，稍微瞭解一點他們自我認同上的困惑和無奈而已。或許，對於台灣人來說，「愛國」本身就是始終追求的對象。任何人首先熱愛自己的家鄉是天經地義的。那麼，台灣人首先「愛台灣」應該是普遍的。但若把問題提升到「國家」的境界，台灣人就不好處理思緒了。有人認同「台灣就是一個國家」；有人認爲「台灣不是一個完整的國家」；有人認爲「台灣就是中國不可分割的一部分」。平時生活在北京的本人唯一清楚的是，中國人對「國家」的認同和定位高度統一，這對中國來說意味著最敏感的政治問題，中國共產黨也不允許自己的人民採取任何別的立場和態度。相較之下，台灣人對「國家」的認同和定位五花八門，什麼樣的想法都有。這一方面跟台灣所處的困境本身有關，另一方面也跟台灣的民主主義、言論自由、法制制度有關。

對於台灣人來說，「愛國」也有可能是避開討論的話題，甚至把它視爲忌諱。反正，台灣人怎麼去愛國？台灣人與中國人如何不同？台灣人如何理解中國兩個字？假如中國人的說法不接受，華人又怎樣呢？據我所知，中國人也好，台灣人也好，華人也好，「中華民族」本來就精通「模糊法」，不刻意去把事情定得清清楚楚，把界限和定位模糊一點，更加有利於處理各自的複雜問題。這一點恐怕是中國大陸人與台灣人之間唯一的共識。

四

我知道，在二〇一〇年廣州亞運會賽中，台灣跆拳道選手楊淑君因電子護具爭議被判決失去比賽資格事件延燒，由此在台灣島內引發「抵制韓貨」的民族情緒。《遠見》雜誌十二月二十八日公布了「台灣人對韓國觀感大調查」的結果，針對跆拳道選手楊淑君的「亞運失格事件」、韓國三星電子向歐盟檢舉台灣面板業者兩起事件，調查台灣民衆對韓國的觀感。

知道其中一起事件的台灣民衆，對韓國是否產生了負面印象？調查顯示，有六五・六％回答「變差」，其中四十至四十九歲的民衆對韓國印象「變差很多」的比率最高，佔五四・一％；「變差很多」次高的是年齡在三十到三十九歲間，達四四・一％。年齡層在十五到十九歲者，有四一・九％認爲「沒有影響」。

兩起事件都知道的民衆，相較於只知道其中一件事的民衆，對韓國印象變差的比率高出七二・五％，顯示民衆認爲這兩件事接連發生，加深對韓國印象變差。

台灣社會還出現了「抵制韓貨、不看韓劇」的現象，民調詢問民衆是否認同此行爲，有五〇・三％民衆贊成。

至於是否會因此減少看韓劇、購買韓貨、赴韓旅遊或聽韓國流行歌等行爲，有五一・一％民衆會降低購買韓國商品，有五〇・一％民衆會減少到韓國旅遊，有四〇・七％民衆會減少收看韓劇，也有三八％民衆認爲會少聽韓國流行歌曲。

我在本書其他篇章中，也討論了中國人「抵制日貨」或「抵制法貨」是愚蠢的、低級的、甚至野蠻的行爲。他們口頭大喊「愛國無罪」，主張爲了愛國，抵制侮辱中國的國家產品是理所當然的，無非就是愛國精神的表現。但我也提倡過，這些行爲實際上就是出賣國家，即「愛國賊」的表現。「愛國賊」才不顧國家與國家之間的正常交往、國家形象、國內勞動市場等重要面，單方面、情緒化地大喊「抵制X貨」。此時此刻，在中國國內「愛國賊」太多了，已經蔓延得一場糊塗，不管是政府官員、學者、媒體人、一般百姓、青年精英，在中國國內，「愛國賊」至少有五億左右。

我也不得不說，台灣大喊「抵制韓貨」的人很有可能，至少是成爲「愛國賊」的後備軍。我形容中國人的愛國賊時，主要依靠的論據有兩點：一，當今中國人努力融入國際社會，尊重國際標準的形勢下，國民和國家的形象屬於核心利益，但國人的抵制X貨明顯降低了外國政府和公民對中國的印象；二，假如你主張抵制日貨，實際上抵制的是本國勞動者和經濟水平。日本企業在很大程度上依靠的是中國勞動力，在國內生產的產品之稅金是交給中國政府的。那麼，中國人抵制日貨實際上指的是誰？目前，在中國一共有兩萬五千家以上日本企業，雇傭著一千萬以上中國員工。

那麼，我形容台灣人的愛國賊時，該依靠的論據是什麼？還是兩點：一，政治上，台灣至今爲止依然無法保證獨立的行爲體，但經濟上，台灣經濟與其他國家地區一樣，是獨立的行爲體，但面臨的發展環境跟其他國家地區一樣，是全球化、一體化經濟。台灣人主張抵制任何一個國家的產品，對本國的進出口造成惡劣、負面的影響。何況，韓國產品、經濟對台灣來說如此重要；

二，既然台灣至今難以確立國家定位和自我認同，那麼，它只好通過推動世界的全球化水平和區域的一體化程度，盡可能在國際社會上提升自己的發言權。全球化和一體化的普及與深化，意味著國界的降低或淡化。那麼，對於台灣或台灣人來說，國界越降低或淡化，對自己是越有利的。

我承認，當今國際關係依然以「主權國家」爲主，各國青年都有民族主義，經常也產生狹隘的、排他性的民族主義，台灣或許也是如此，抵制韓貨無疑也是民族主義的極端表現。但我堅決認爲，如果台灣要在國際關係當中提升自己的話語權，就必須扮演獨特的角色，發揮特殊的作用，即促進各國政府之間的國際利益，宣揚各國之間的全球公民意識。這是台灣或台灣人在處於無政府狀態的國際關係當中，比較合理地找到自己位置和靈魂的唯一管道。狹隘的民族主義和排外主義，只會進一步使得台灣陷入邊緣化的絕境。這難道是台灣人所希望看到的未來局面嗎？

那麼，在這裡，我毫不客氣地說，主張「抵制X貨」的台灣人也屬於「愛國賊」。若這種「愛國賊」在台灣島蔓延得一塌糊塗，將帶給台灣的未來非常不利的、不安的因素。

當然，美國、中國、日本等國家也應該多多理解，尊重台灣在國際關係上的兩難，給予相應的制度安排。我堅決認爲，促進台灣人民擁有應有、理性、合法的價值觀和自我認同，不僅是台灣的願望，更是國際社會的責任。

二〇一一年四月二十八日，寫於日本伊豆

國家圖書館出版品預行編目資料

愛國賊 /
加藤嘉一 著； --
初版. -- 臺北市：大塊文化，2011.06
面； 公分. --（from ；73 ）

ISBN 978-986-213-256-2（平裝）

1. 愛國思想 2. 文集

196.707 100007808

LOCUS

LOCUS

LOCUS

LOCUS